Hans Dieter Schäfer
Herr Oelze aus Bremen
Gottfried Benn und Friedrich Wilhelm Oelze
Wallstein, Göttingen 2001, Reihe: Göttinger Sudelblätter
48 S., engl. brosch., 17 x 24,5 cm

Bisher konnte die für Benns künstlerisches Überleben wichtige Freundschaft nur von der Seite des Dichters aus rekonstruiert werden. Hans Dieter Schäfer wertet zum ersten Mal systematisch die bis heute nicht veröffentlichten Briefe und Äußerungen Oelzes an den Freund aus.

Daß Gottfried Benn in der »unendlichen Depression« und »Versteinerung« des Dritten Reichs künstlerisch so produktiv bleiben konnte, verdankt er zu einem wesentlichen Teil der Freundschaft mit dem weltgewandten und weitgereisten Bremer Kaufmann Friedrich Wilhelm Oelze (1891-1978). Für Benn schrumpfte das »alte Europa« während der Nazizeit auf diese einzige Person zusammen, vor der er seine persönlichen und poetischen Positionen, das »gleissnerische Pfauenrad«, schlagen konnte. Die Themen sind noch immer der Widerspruch von Geld und Geist oder ein bürgerlicher Tugendkanon, dem er seinen Zynismus entgegensetzt.

Bisher konnte diese Inszenierung nur von der Seite des Dichters aus rekonstruiert werden. Hans Dieter Schäfer wertet erstmals systematisch die Briefe Oelzes an den Freund aus und berücksichtigt zahlreiche, meist nach Benns Tod geschriebene Äußerungen, die im Deutschen Literaturarchiv Marbach öffentlich zugänglich sind.

Gottfried Benn: **Gedichte.** Bätter für Dichtung, 2. Jahrgang, 7. Folge, Januar 1936. Mit der gedruckten Widmung an Herrn W. Oelze in Bremen, Hartwigstraße. Red.: Heinrich Ellermann, Dürer Presse, Hamburg 1936.
Zehn Erstdrucke. 18 lose Bläter in Papphülle:
Die weißen Segel / Am Saum des nordischen Meer's / Dein ist / Doppelkonzert / In Memoriam Höhe 317 / Träume, Träume / Astern / Liebe / Ach, das Erhabene / Tag, der den Sommer endet / Turin / Einst / Das Ganze.

Gottfried Ben – Friedrich Wilhelm Oelze
Briefwechsel 1932-1956
Herausgegeben von Harald Steinhagen, Stephan Kraft und Holger Hof
zus. 2334 S., 181 Abb., 4 Bände, geb., Leinen, Schutzumschlag, Schuber, 14 x 23 cm

F. W. Oelze war Gottfried Benns wichtigster Briefpartner – zum ersten Mal werden auch seine Briefe mit abgedruckt. Die Briefe an Friedrich Wilhelm Oelze waren für Gottfried Benn vor allem nach dem Publikationsverbot im Nationalsozialismus und in den frühen Nachkriegsjahren das zentrale Forum für poetologische, politische wie persönliche Reflexionen. Nicht nur für Benns Werk, sondern auch zeitgeschichtlich sind diese Briefe ein höchst aufschlussreiches Dokument einer fast 25jährigen Freundschaft. Dass Benn in der »unendlichen Depression« und »Versteinerung« des Dritten Reichs künstlerisch so produktiv bleiben konnte, verdankt er zu einem wesentlichen Teil der Freundschaft mit dem weltgewandten und weitgereisten Bremer Kaufmann Oelze. Benn legte den Briefen immer wieder neue Gedichte bei und schrieb über manchen »Keim und Setzling« seiner Texte.
Harald Steinhagen und Jürgen Schröder haben vor knapp 40 Jahren die Briefe von Benn an Oelze erstmals herausgegeben. Nun erscheint diese wichtigste Einzelkorrespondenz Gottfried Benns zusammen mit den überlieferten Gegenbriefen Oelzes und um einige Fehlstellen ergänzt in einer kommentierten Gesamtedition. Der stark erweiterte Kommentar berücksichtigt sowohl die seitdem neu erschienenen Quellen als auch die bislang nicht edierten Arbeitshefte und Tageskalender Benns. Die Edition erscheint im Gemeinschaftsverlag der Verlage Klett-Cotta und Wallstein

Joachim Dyck

BENN
und Bremen

Joachim Dyck

BENN
und Bremen

CARL SCHÜNEMANN VERLAG BREMEN

Meinem Freund Hanspeter Krüger gewidmet

Wir bedanken uns herzlich bei Karin und Uwe Hollweg für die Unterstützung dieses Buchprojektes.

© Carl Ed. Schünemann KG, Bremen
www.schuenemann-verlag.de
Nachdruck sowie jede Form der elektronischen Nutzung
– auch auszugsweise – nur mit Genehmigung des Verlages.

Autor: Prof. Dr. Joachim Dyck
Gesamtherstellung: Carl Schünemann Verlag Bremen

Printed in EU 2013 | ISBN 978-3-7961-1016-0

Inhalt

1. Der Oldenburger Beginn 6
2. Goethe 13
3. Freundschaft mit dem Bremer 17
4. Luftangriffe auf Bremen 29
5. Gustav Paulis Erinnerungen 40
6. Schumacher, Stufen des Lebens 48
7. Schaffermahl 51
8. Bremens deutsche Sendung 56
9. Rudolf Alexander Schröder 61
10. Eine deutsche Novelle 74
11. Kriegsende 80
12. Benn in Oberneuland 92
13. Radio Bremen 105
14. Worpswede 115
15. Vortrag in Bremen 127

Anmerkungen 133
Bildnachweis 138
Zum Autor 139

1 Der Oldenburger Beginn

Als sich am Mittag des 30. Januar 1933 Adolf Hitler und sein Kabinett zur Vereidigung beim Reichspräsidenten versammelten, saß Gottfried Benn im Zug nach Bremen. Hier musste er auf der Reise nach Oldenburg umsteigen. Und während am Abend in Berlin die Ernennung Hitlers mit einem Fackelzug gefeiert wurde, stand Benn am Rednerpult in der Aula des Oldenburger Gymnasiums, Am Damm 1, und las aus seinen Dichtungen vor. Zur selben Zeit lief in den Apollo-Lichtspielen der Tonfilm *Ich glaub nie mehr an eine Frau* mit Richard Tauber, im Landestheater gab es *Die Fledermaus*.

Landgerichtsrat Dr. Ernst Beyersdorff hatte Benn zu einem Autorenabend eingeladen. Er leitete die *Vereinigung für junge Kunst*, die sich mehrfach entschieden für die modernen Tendenzen der Oldenburger Bühne eingesetzt hatte. Dem abendlichen Beisammensein mit Benn, das die *Oldenburger Nachrichten für Stadt und Land* am 29. und 30. Januar angekündigt hatte, waren allerdings nur fünfundvierzig Freunde der modernen Dichtung gefolgt. Das erklärt sich vielleicht aus den schlechten Wetterverhältnissen an diesem Tage, denn durch überfrierenden Regen waren die Fahrbahnen und Fußwege gegen Abend im Nu mit einer dünnen Eisschicht überzogen, die den Verkehr lahmlegte. Die Bevölkerung beklagte, dass nicht ausreichend gestreut wurde, und plädierte in Leserbriefen an ihre Zeitung für die Beschäftigung von Arbeitslosen bei der Schneebeseitigung.

Der Oldenburger Auftritt des 47-jährigen Dichters, der damals im Zenit seines ersten Ruhms stand, nachdem er 1932 Mitglied der Preußischen Akademie der Künste zu Berlin geworden war, verdankte sich den Bemühungen des jungen Schriftstellers Carl Werckshagen (1903–2001).

Im Sommer 1927 nahm der 24-jährige Student das Angebot, als Dramaturg am Oldenburger Landestheater seine Berufslaufbahn zu beginnen, an. Werckshagen hatte Beyersdorff angeregt, Benn einzuladen. Das Programm des Oldenburger Theaters war damals nicht unumstritten. So zog es sich durch die Aufführung der *Dreigroschenoper* Brechts im Februar 1929 heftige Proteste zu, und schon während der Vorstellung verließ ein Teil des Publikums mit Missfallensrufen den Saal, die Beamten- und Angestelltenverbände drohten mit Nichtverlängerung ihrer Theaterabonnements, wenn sie nicht sicher sein könnten, dass ihnen derartige Stücke nicht wieder geboten würden. In diesem Sinne war Benn ein Gegengewicht zu Brecht.

Werckshagen hatte bis dahin in Berlin gelebt, war in den literarischen Zirkeln der Hauptstadt zu Hause und las die aktuellen

Kulturjournale wie *Die Neue Rundschau*, *Die weißen Blätter* oder *Die Weltbühne*. Die Dichter Klabund, Arnold Bronnen, Reinhard Goering und Gottfried Benn gehörten zu seinen Freunden. Benns *Gesammelte Schriften* hatte er enthusiastisch und kenntnisreich 1924 in der *Vossischen Zeitung* besprochen. Benn dankte ihm mit einem Brief und zeigte sich verwundert, dass seine Schriften überhaupt zur Kenntnis genommen wurden: »Vielen Dank für Ihren schönen interessanten Aufsatz. Frappierend, daß Sie tatsächlich die Schriften gelesen haben u daß Sie ›Karandasch‹ als das empfunden haben, was ich mir dabei dachte.«[1]

Zwar waren Werckshagens Anfangsbedingungen in Oldenburg nicht leicht, denn der Intendant ging kurz vor der Spielzeit nach Dortmund. Aber er fühlte sich in Oldenburg wohl: »Land und Leute sagten mir zu. Bald war es mir eine liebe Gewohnheit, an freien Nachmittagen über Land zu spazieren und in der Gartenwirtschaft von Mutter Wöbken einzukehren, und das alljährliche Oldenburger Volksfest, der Kramermarkt, bereitete mir mit seiner karnevalistischen Ausgelassenheit kein geringeres Vergnügen als das Münchener Oktoberfest.«[2]

In den Programmheften des Oldenburger Landestheaters, den *Dramaturgischen Blättern*, versuchte Werckshagen, die Theaterbesucher auch für die moderne deutsche Lyrik zu interessieren und veröffentlichte Gedichte, vorzugsweise aus dem Manuskript, von Nietzsche, Rilke, Klabund, Zuckmayer oder Brecht. In Heft 9 (1927/28) erschien der Erstdruck des Gedichts *Liebe* von Benn:

> Liebe
> Liebe – halten die Sterne
> über den Küssen Wacht –:
> Meere, Eros der Ferne,
> rauschen, es rauscht die Nacht,
> steigt um Lager, um Lehne,
> eh sich das Wort verlor,
> Anadyomene
> ewig aus Muscheln vor.
>
> Liebe – schluchzende Stunden,
> Dränge der Ewigkeit
> löschen ohne viel Wunden
> ein paar Monde der Zeit,
> Landen – schwärmender Glaube,
> Arche und Ararat,
> sind dem Wasser zu Raube,
> das keine Grenzen hat.
>
> Liebe – du gibst die Worte
> weiter, die dir gesagt,
> Reigen – wie sind die Orte
> von Verwehtem durchjagt,
> Tausch – und die Stunden wandern,
> die Flammen wenden sich,
> ich sterbe für einen andern
> und du für mich.

Für das Heft 12 (1928/29) schrieb Werckshagen eine Rezension von Benns *Szenen*, was ihm den begeisterten Dank des Dichters eintrug, der ihm am 6. Januar 1929 ein Telegramm schickte: »Ganz wunderbarer Aufsatz. Danke Ihnen tausendmal. Benn«[3]

Für die abendliche Lesung aus seiner Lyrik, seinen Essays und aus dem Oratorium *Das Unaufhörliche* bekam Benn eine wohlwollende Kritik, die schon am nächsten Morgen in den *Oldenburger Nachrichten für Stadt und Land* erschien: »Das lyrische Schaffen Gottfried Benns, soweit es gestern in einzelnen Proben zwischen den Prosastücken zum Vortrag gelangte, ist rein artistisch gehalten. Ein aufgeklärter, geläuterter Humanismus bestimmt mehr vom Formalen und vom Gedanklichen her als vom Gefühl die Gestalt und den Inhalt dieser von hellenistischem Geiste erfüllten, klaren aber auch etwas kühlen Lyrik. ›Antiker Form sich nähernd‹ – möchte man sie bezeichnen ... Denkt man an die Anfänge Gottfried Benns zurück, die er – anscheinend rückkehrlos – überwunden hat, an diese oft Grauen und Ekel erregenden Vivisektionen, und vergleicht damit die in den gestern wiedergegebenen Proben sichtbar gewordene innere Klärung, so fällt einem die Wahrheit des Goethe-Wortes ein – von der Erlösung an denen, die strebend sich bemühen.«

Als diese Kritik zu lesen war, saß Benn bereits im Abteil des Zuges, der ihn nach Berlin zurückbringen sollte, und die Oldenburger Jugend musste wieder in die Schulen, die mehrere Tage wegen einer Grippe-Epidemie geschlossen worden waren.

Auf der Rückfahrt beschloss er spontan, in Bremen Station zu machen, um einen Bremer Kaufmann zu treffen, mit dem er seit kurzer Zeit in einem angeregten Briefwechsel stand, Dr. Friedrich Wilhelm Oelze (1891–1978). Er verzichtete jedoch auf einen Besuch, denn er war sich unsicher, kannte er doch die Gepflogenheiten der gehobenen Bremer Gesellschaft nicht. Aber er thematisiert seine Fahrtunterbrechung in einem Brief: »Wer sind Sie, sehr verehrter Herr Oelze, nun eigentlich? Ich war vor einigen Monaten mehrere Stunden in Bremen (ich las in der Nähe vor), sah an einer Bahn: Hartwichstrasse [recte Hartwigstraße] u. gedachte Ihrer lebhaft. Fast hätte ich Sie angerufen. Wenn Sie einmal in Berlin sind, tun Sie es doch mit mir.«[4]

Das Haus Oelzes in der Hartwigstraße

Oelze hatte ihm nach der Lektüre des Aufsatzes *Goethe und die Naturwissenschaften* im Goethe-Jubiläumsheft der *Neuen Rund-*

schau 1932 seine Bewunderung ausgedrückt: »Bei der Lektüre dieser knappen, kaum sechzig Seiten umfassenden Darstellung erfuhr ich das spontane Betroffensein, wie es nur die Kunst zu bewirken vermag.«[5] In diesem Brief muss Benn gespürt haben, dass er es bei Oelze mit einem Goethe-Kenner allerersten Ranges zu tun hatte. Dieses Gespür war richtig: Oelzes Vater besaß eine Bibliothek, in der Goethe den Mittelpunkt bildete. Auch musste der Sohn den *Faust* streckenweise schon als Kind auswendig lernen.

Die Goethe-Bibliothek in Oelzes Haus

Benn antwortet auf Oelzes Lobeshymne jedoch nur mit drei Zeilen: »Mir eine grosse Freude, wenn Ihnen meine Aufsätze gefallen haben. Eine mündliche Unterhaltung würde Sie enttäuschen. Ich sage nicht mehr, als was in meinen Büchern steht. Seien Sie vielmals gegrüsst. Ihr sehr ergebener Dr Gottfried Benn.«[6]

Vielleicht können Sie herausfinden, wohin es Oelzes Goethe-Bibliothek verschlagen hat.

Wussten Sie, dass Bremen Sitz der Gottfried-Benn-Gesellschaft ist, die 2019 ihre Jahrestagung in Hannover abhielt? Und dass es dort einen Gottfried-Benn-Weg gibt, aber in Bremen kein Sträßchen, obgleich man in neuen Vierteln Schwierigkeiten hat, überhaupt Namen zu finden?

„Ich möchte einmal wieder ganz allein sein, auch ohne Wohnung. Ich kann diese sturen Gestalten ringsherum garnicht mehr verächtlich finden etwa, sie gehen alle ihren armseligen engen Weg mit Weib und Kindern u. starken Dekorationszwängen und Kriegsverdienstkreuzbestrebungen - nichts gegen sie, es muss so sein, bloss vor der Berührung mit ihnen hüte ich mich." (An Oelze, 5.12.1940)

In meinem Geburtsjahr liest Benn in der Bremer Böttcherstraße aus seinem Werk.

2 *Goethe*

Dieser erste Brief an Oelze vom 21.12.1932 ist immer als ungeduldige Zurückweisung des Bewunderers gedeutet worden. Aber genau das Gegenteil ist der Fall. Wenn es überhaupt ein Schriftstück gibt, das bei scheinbarer Ablehnung auf verdeckte Weise zur Fortführung der Korrespondenz einlädt, dann ist es das Schreiben Benns, das Oelze auf den Prüfstand von dessen Goethe-Kenntnissen stellt. Denn in Benns Antwort ist ein Faust-Zitat verborgen, dessen Entdeckung Oelze die Möglichkeit geben sollte, nicht nur als Lobredner dazustehen, sondern auch seine Kompetenz als Kenner zu erweisen.

Im ersten Teil des *Faust*, im Studierzimmer, kommt es zu einem Dialog zwischen dem Schüler und Mephisto. Sehen Sie zu, sagt Mephisto, dass Sie zu den Vorlesungen immer pünktlich kommen und den Erklärungen des Professors lauschen [Vers 1956ff.]:
»Habt Euch vorher wohl präpariert,
Paragraphos wohl einstudiert,

Damit Ihr nachher besser seht,
Daß er nichts sagt, als was im Buche steht.«

Allerdings geht Mephistos Rat noch weiter:
»Doch Euch des Schreibens ja befleißt,
Als diktiert' Euch der Heilig' Geist!«

Das kann durchaus als eine Aufforderung Benns an Oelze verstanden werden, ihm zu antworten und nicht zu wenig zu schreiben, vor allem, wenn man die direkt anschließende Reflexion des Schülers in Betracht zieht:
»Das sollt Ihr mir nicht zweimal sagen!
Ich denke mir, wie viel es nützt;
Denn, was man schwarz auf weiß besitzt,
Kann man getrost nach Hause tragen.«

Die auf den ersten Blick ablehnende Antwort Benns als Einladung zu einem Gedankenaustausch mit Hilfe eines Faust-Zitats: Das ist die raffinierte Geste, die einen Briefwechsel hervorbrachte, der bis zu Benns Tode 1956 dauerte – Benn hat in 749 erhaltenen Briefen dann doch sehr viel mehr gesagt, als in seinen Büchern steht.[7] Ja, seine Essays und Gedichte sind oft nur eine Essenz aus der Korrespondenz, die Benn als Werkstatt für seine Prosa diente.

Dass die Wurzel der freundschaftlichen Beziehung in der gemeinsamen Verehrung Goethes lag, bestätigt Oelze am Karfreitag, dem 4. April 1947, ausdrücklich: »Goethe's Todestag – für mich der Tag, an dem das Neue Leben begann, 1932 in Weimar: erste Bekanntschaft mit Ihnen über ›Goethe und die Naturwissenschaften‹. Goethe: – erinnern Sie sich einiger Zeilen, die Sie mir am 16. XI. 36 nach Berlin schrieben? falls nicht, setze ich sie hierher: Beim Lesen Ihres Briefes trat Goethe in eine ganz neue Sphäre von Realität, zerstörte die eine, errichtete die andere, wuchs und troff von Schweigen und Gebären, – was sonst nur Spinnweb ist und Zittern und Verlieren, ging in ihm ruhig wie ein Nashorn und ölig wie ein Nilpferd ohne sich umzuschaun über die Erde.‹ Grossartiger Satz, den ich mir immer wieder zurückrufe, unergründlich, voller Zukunft, weil er das heute noch nicht déchiffrierbare Geheimnis enthält.«[8]

Zwei Jahre später kommt der Goethe-Essay wieder auf den deutschen Markt. Das Exemplar, das Oelze geschenkt bekommt, enthält die Widmung: »Ausgangspunkt und Grundlage unserer Beziehungen 1932 Ihnen, lieber Herr Oelze, in neuer Fassung übersandt.«[9]

Im Jahre 1935 entschied sich Benn, wieder in die Armee zurückzukehren: »1934/35 konnte ich mich wirtschaftlich in der Praxis nicht mehr halten. Die Nazis hatten doch alles besetzt, wo es zu verdienen gab u. mich aus Rundfunk usw. gestrichen, auch die aerztlichen Posten alle annectiert. Es blieb mir kaum etwas anderes übrig; sparen hatte ich nichts können, meine Schuld: ich habe nie für Geld Sinn gehabt u. für Verdienen.«[10]

Am 1. April hatte er sich bei der Wehrersatzinspektion Hannover zu melden. Sein Entschluss, wieder als Soldat zu dienen, war allerdings mit der Furcht vor einer entscheidenden und wenig voraussehbaren Lebensveränderung verbunden. Im Februar 1935 bekennt er: »Ich erwarte sehr den Tag, wo ich hier [in Berlin] alles hinter mich werfe. Obschon ich die neuen großen Schwierigkeiten nicht verkenne, die mich bedrohn. Aber hier ist es zu Ende. ... Viele Grüße, lieber Herr Oelze! Sie sind die einzige Bekanntschaft aus einem Jahrzehnt, die mir wertvoll geworden ist, an der ich hänge. Leben Sie wohl. Immer Ihr ergebener Gottfried Benn.«[11]

Und aus Hannover erhält Oelze die Zeilen: »Bitte schreiben Sie doch nicht davon, dass ich Sie geistig entwickelt habe u.s.w. *Ich bedarf Ihrer* ja viel mehr. Sie machen sich nicht klar, wie völlig isoliert ich bin, ohne jede Beziehung geistiger Art zu meiner Umwelt [...] Also bleiben Sie der kluge, erfahrungsreiche Mann in Bremen, der *meine Dinge versteht.*«[12] Und zu seinem 60. Geburtstag 1946 wehrt Benn jedes Geschenk von Oelzes Seite ab: »Bitte senden Sie mir Nichts. Nichts Zerbrechliches, nichts Unzerbrechliches. Mir genügt die Unzerbrechlichkeit unserer inneren Beziehungen.«[13]

3 *Freundschaft mit dem Bremer*

Da Benn auf einen Besuch bei Oelze verzichtet hatte, obwohl er in Bremen war, übernahm Oelze die Initiative und traf ihn im Februar 1934 in seiner Praxis und Wohnung Belle-Alliance-Straße 12, Ecke Yorkstraße (heute Mehringdamm 38) in Berlin. Benn bedankte sich: »Obwohl ich mir völlig klar war über die innere Schwierigkeit unserer Begegnung, auch für mich, ging ich ihr nicht aus dem Weg. Unsere schriftliche Freundschaft war mir soviel wert, es zu versuchen. Ich freue mich nun aufrichtig, dass wir uns kennen lernten und ich danke Ihnen nochmals sehr für Ihren Besuch. Leider sassen wir ja fast die ganze Zeit in der Dämmerung u. erst als Sie in die helle Stube traten, sah ich Ihr sonderbares krank u. klug gemischtes Gesicht, das zu weiteren Fragen u. Diskussionen mich innerlich wendete.«[14]

Am 30. Januar 1935 erinnerte sich Benn an seine norddeutsche Reise: »Heute vor 2 Jahren war ich da, dieser denkwürdige Tag,

Hotel Deus

dieses unabsehbare Datum; im Hotel am Bahnhof an der Ecke, wo es zur Stadt geht, wohnte ich. Es war eine Perversität ohne Gleichen, dort hinzufahren u. vorzulesen.«[15] Und noch zwei Jahrzehnte später erwähnte Benn Oelze gegenüber dieses Datum: »Heute vor 22 Jahren war ich den Vormittag in Bremen, kam aus Oldenburg – jener 30 I 33, auf den eine Vorlesung in Old.[enburg] fiel. Sah Sie nicht.«[16] Und am Schluss von *Doppelleben* heißt es 1950: »1932 trat jener Herr Oelze aus Bremen in mein Leben, den ich selten sah, in dessen Haus ich nie war, mit dem ich, mit dem wir beide gegeneinander hinsichtlich des Privaten immer ›die Regeln wahrten‹, der mich aber brieflich hoch- und wachhielt und in jenen Jahren [nach 1933] Balsam in meine Schrunden träufelte. Literarisch spezialisiert war der Grund seines ersten Besuches bei mir mein Aufsatz über ›Goethe und die Naturwissenschaften‹, der in dem dann berühmt gewordenen Heft der ›Neuen Rundschau‹ im April 1932 stand – in seinem Alt-Bremer Patrizierhaus war Goethe seit Genera-

Friedrich Wilhelm Oelze

tionen sehr gepflegt. Aus diesem Besuch entwickelte sich eine Korrespondenz, immer wachsend, die sich heute auf nahezu 2000 Briefe belaufen wird, und vieles von dem, was in meinen neuen Büchern steht, fand sich als Keim und Setzling in unseren schriftlichen Gesprächen auf jenen blauen Bogen, die er wie ich benutzten. Ich habe ihm daher die erste Arbeit, die nach 1936 wieder erschien, ›Die drei alten Männer‹, in Dankbarkeit gewidmet.«[17]

Friedrich Wilhelm Oelze nahm eine außergewöhnliche Stellung in Benns Leben ein. Er wohnte nicht in Berlin, deswegen trafen sich die beiden selten. Und doch muss man aus der Rückschau feststellen, dass Oelze Benns verlässlichster Freund gewesen ist. Der Bremer Kaufmann kannte die Widersprüche in Benns Charakter am besten, einerseits das an Überheblichkeit grenzende Selbstbewusstsein, andererseits die bescheidene Zurückhaltung; einerseits das Verlangen nach Anerkennung, andererseits die Auflehnung gegen die herrschende Meinung und das Laster der Heuchelei. Oelze war Benn geistig gewachsen, Benn hatte in Oelze den archimedischen Punkt für seine zweite Lebenshälfte gefunden. Von ihm fühlte er sich verstanden und ernst genommen, der Freund war seine »Diskussions- und Krisenzentrale«.

Aber auch Oelze hält mit Bekundungen über den Wert seiner Beziehung zu Benn nicht zurück: »Wie dankbar ich Ihnen sein würde, wenn Sie mich auch dann, wenn Sie in Not sind, nicht vergessen und auf meine Freundschaft vertrauen würden – muss ich es wiederholen? Sie wissen, dass ich Ihr Dasein von dem meinen nicht mehr zu trennen vermag.« (1. August 1948)

Und nach Benns Besuch in Oberneuland heißt es: »›Eine Welt voll Herrlichkeiten‹ wurden unsere bescheidenen Räume erst durch Ihre Gegenwart. Ich denke an Sie mit den freundschaftlichsten Gefühlen.« (17. August 1954)

Oelze stammte aus einer Bremer Kaufmannsfamilie, ein gut aussehender Mann mit »levantinischem Einschlag im äußeren Habitus«, wie er von sich sagte. ›Fritz‹, so wurde er in der Familie genannt, studierte Rechtswissenschaften in Freiburg, München, Bonn und Kiel, wo er im Frühjahr 1913 am Oberlandesgericht sein Referendar-Examen ablegte. Im Winter 1913/14 arbeitete er am Amtsgericht Bremen. Nach dem Kriege – er hatte sich als

Oelzes Doktorurkunde

Kriegsfreiwilliger beim Hans.I.R.75 gemeldet – promovierte er im Frühjahr 1920 an der Universität Rostock zum Dr. jur. mit dem Thema: »Der § 360 Z.11 R.St.G.B. ›grober Unfug‹ und die Presse«. Zwar war er bis zum Sommer 1920 als Referendar am

Landgericht Bremen angestellt, aber der Druck vonseiten der Familie scheint so groß gewesen zu sein, dass er seinen Traum von der Arbeit als Jurist aufgab und in die Fußstapfen seiner Eltern trat. In seinem Lebenslauf heißt es nur kurz: »Herbst 1920 Übergang in den kaufmännischen Beruf.« Im Grunde hat er diesen Wechsel sein Leben lang nicht verwunden, und er brachte seinen Hass gegen das Kaufmannsdasein Benn gegenüber auch des Öfteren zum Ausdruck.

Oelze auf den Zuckerplantagen in Jamaika

Ein Foto zeigt Oelze 1932/33 auf den Zuckerplantagen der Familie in Kingston, Jamaika, wo seine Mutter geboren wurde. Wenn man nach der Jahrhundertwende noch von bürgerlicher Bildung sprechen kann: Oelze verkörperte sie. Er war hoch musikalisch, spielte ausgezeichnet Klavier und begleitete junge Sängerfreunde beim Vortrag von Brahmsliedern. Er gehörte zum Vorstand des Bremer Kunstvereins,[18] dem er eine Reihe kostbarer Bilder stiftete, sein Bruder war Kunsthändler in Amsterdam. Es ist die gleiche Weltsicht, ein grundlegender Nihilismus, der ihn mit Oelze verbindet, dazu die Ablehnung der Masse und das Bewusstsein, mit den Gedanken über Herkunft und das geschichtliche Schicksal der menschlichen Rasse allein zu sein. Das oft ironisch gebrochene Einverständnis der beiden wird ergänzt durch ein grundsätzliches Vertrauen, das sie verbindet. Benn ist Oelze für seine Treue, seine Fürsorge, seine Anteilnahme lebenslang sehr dankbar gewesen: »Sie werden der Einzige sein, mit dem ich noch in Verbindung bleibe«, schrieb er ihm im Oktober 1946, »u. das ist für mich natürlich sehr viel, ja alles. Sie sind so freundlich zu mir, so nachsichtig u. wohlwollend, jeder Ihrer Briefe tröstet u. bereichert mich.«[19]

Am 11.10.1919 heiratete Oelze Charlotte Stephanie Michaelsen (1896–1974), deren Mutter Willy eine geborene Schütte war. Charlotte wurde 1896 in Hongkong geboren und wohnte seit 1898 in Bremen.

Franz Ernst Schütte, ihr Großvater, hatte 1862 mit seinem jüngeren Bruder Carl (1839–1917) das väterliche Handelshaus *Albrecht Nicolaus Schütte & Sohn* übernommen. Das Unternehmen, das bis dahin hauptsächlich mit Tabakhandel befasst war, betätigte sich im neuen Ölimportgeschäft und stieg zum bedeutendsten Ölhandelshaus in Deutschland auf. Im Jahre 1890 gründeten die Brüder Schütte gemeinsam mit der Standard Oil Company of New York die Deutsch-Amerikanische Petroleum Gesellschaft (DAPG) mit Sitz in Bremen, die spätere Esso AG., die sich 1904, nach dem Ausscheiden von Franz Schütte, in Hamburg ansiedelte. Schütte war auch Bauherr des Bremer St.-Petri-Doms und Präses der Handelskammer. Auf seine finanzielle Unterstützung sind unter anderem der Bau der Domtürme, die Innenausmalung des Domes, der Rathausneubau, die Anlage des Botanischen Gartens und des Stadtwaldes zurückzuführen. Er war von 1877 bis 1911 Vorsitzender des Bürgerparkvereins. Seine Spenden und die seines Bruders Carl dienten auch anderen Kunst- und Bildungsaufgaben. Die 1916 aus dem Nachlass des damaligen Bremer »Petroleumkönigs« ins Leben gerufene *Franz-Schütte-Stiftung* kümmert sich heute um Familien in Not und fördert die Ausbildung und Weiterbildung begabter junger Menschen.

Oelzes Vater Wilhelm hatte Ferdinande Ebbeke geheiratet, die auch aus einer sehr wohlhabenden Bremer Familie stammte.

Mit der Erklärung, er träte in den kaufmännischen Beruf über, meinte Oelze den Eintritt in das elterliche Geschäft Ebbeke. Die Firma war als *Im- u. Export v. Waren aller Art insbesondere dem Import von Textilien* angemeldet, die Büros lagen am Domshof 10, einer vorzüglichen Adresse in der Bremer Innenstadt.

Über seine Geschäftsbeziehungen schreibt Oelze in seinem Lebenslauf 1934: »Herbst 1920 Eintritt in die Delmenhorster Mühlenwerke A.G., Delmenhorst bei Bremen. 1921 Teilhaber der Firma Menke & Co., Bremen/Hamburg bis heute,[20] Ge-

H. MENKE · BREMEN
An der Schlachte 39

Bank-Konten: Deutsche Bank und Disconto-Gesellschaft, Filiale Bremen, Konto Nr. 244150 · Reichsbank
Postscheckamt Hamburg, Konto 797

Telegramm-Adresse: „VERITAS"
A. B. C. Code IV. & V. Edition
Fernsprecher: Roland 3018 und 9115

BREMEN, den 3. November 1931
Postfach 430

An die

Handelskammer

B r e m e n.
- - - - - - - - -

Beiliegend behändige ich Ihnen Fragebogen betreffend Devisenbescheinigung in doppelter Ausfertigung mit der Bitte um Weiterleitung an die Devisen-Bewirtschaftungsstelle beim Landesfinanzamt Bremen.
Der Fragebogen ist nach Rücksprache mit der Devisen-Bewirtschaftungsstelle ausgefüllt für die zum Weinkonsortium H. Menke gehörenden Firmen:

H. Menke,
A. Segnitz & Co.,
Otto Mielok,

so dass ich von der Devisen-Bewirtschaftungsstelle eine gemeinschaftliche Devisen-Handelserlaubnis für die aufgeführten Firmen erhalten möchte. Ich wäre Ihnen dankbar, wenn Sie die Genehmigung zum Handel mit Devisen mir möglichst umgehend erwirken könnten.

Hochachtungsvoll
ppa. H. MENKE

1 Anlage.

Schreiben Menkes an die Handelskammer

schäftszweig der Firma in Hamburg und Bremen: Import von Java-Produkten, Kolonialprodukten und Getreide. 1923–30 an Firmen in Danzig und Warschau [...] Meine Beziehungen in England und meine Tätigkeit dort waren vorwiegend geschäftlicher Natur.«

Die Firma *H. Menke & Co.* war eines der ältesten und größten Weinhandelshäuser Bremens, das mehr als einhundertfünfzig Leute beschäftigte. Die Menke-Gruppe war vor allem im Massengeschäft tätig. Sie importierte große Mengen ausländischer Weine, beispielsweise aus Algerien, die per Schiff in Bremen angelandet und dann in Flaschen umgefüllt wurden. Die *Norddeutsche Kreditbank Bremen* gab 1950 die vertrauliche Auskunft: »Wein-Import, Spirituosen- und Waren-Grosshandel. Die Firma wird fachkundig und tüchtig geleitet und steht in bestem Ansehen. Das bei uns unterhaltene Konto zeigt gute Umsätze und wird ordnungsmässig geführt.« Allerdings berichtet der *Weser Kurier* zur Eröffnung des Konkursverfahrens im Juni 1988: »Dieses Geschäft hat sehr enge Gewinnspannen und kann nur durch den Absatz großer Mengen profitabel gestaltet werden. Schwierig geworden ist dieser Markt in den vergangenen Jahren nicht zuletzt durch die wachsenden Ansprüche der Verbraucher, die immer häufiger zu hochwertigen Weinen greifen.« Später war Oelze an der Weinimportfirma *Wermuth & Co.* beteiligt.

Während des Krieges kümmerte er sich um die Sicherung von Benns Manuskripten, nach dem Kriege half er bei deren Veröffentlichung, er beteiligte sich durch produktive Kritik und las Korrektur. Der Briefwechsel mit Oelze war oft die Werkstatt, in der ein Stück Prosa zusammengesetzt wurde, und es wäre sicherlich nicht mehr als recht und billig, wenn Oelze für manche Prosaarbeiten als Verfasser mitgenannt worden wäre. Benn betonte oft, wie wichtig ihm die Zusammenarbeit war, aus der er allein den literarischen Vorteil zog.

Im Gegensatz zu der abschätzigen Bemerkung über seinen Auftritt in Oldenburg stand die Hansestadt Bremen bei Benn immer hoch im Kurs. Das beginnt mit dem Bremer Klaben, dem er den Vorzug vor der Dresdener Stolle gibt: »Nun ist die Stolle angekommen, nicht die vulgär-zuckerüberladene Dresdener, sondern die vornehm zurückhaltende, innerlich geladene Bremer. Ich bemerke bei dieser Gelegenheit, dass Stolle mein Lieblingskuchen ist und immer war, diese Kombination von Semmel und Torte.«[21] Für Benn vertritt Oelze, »diese gesellschaftlich qualifizierte Persönlichkeit, die den Senatorenkreisen nahe steht u. so englisch stilisiert ist«,[22] die angesehene Gesellschaft der Hansestadt. Und von einem gut aussehenden Bekannten Oelzes, der am Nebentisch sitzt, schreibt er: »Das scheint Bremer Spezialität zu sein.«[23]

Da sich Benn und Oelze in den ersten Jahren nur selten sehen, muss Benn sein Bild von Bremen durch briefliche Antworten zusammensetzen, die Oelze ihm auf seine Fragen erteilt: »Wirkliches Wissen um die gesellschaftlichen Dinge interessiert mich immer sehr. Z. B. ob Sie zu dem Anzug Gamaschen anziehn würden, u. was für welche? Weisse? Ich betrachte das alles bei Ihnen mit ausgesprochenem Eifer! Hören Sie, was ich an eine Berliner Bekannte anlässlich unseres letzten Zusammenseins schrieb: ›seine äussere Erscheinung hat die Sicherheit der Raumgliederung wie ein grosser Schauspieler, manchmal wirkt er überhaupt wie aus einer Revue, etwa Hoffmanns Erzählungen, am Rande zwischen Realität u. Halluzination. Sein grösster Moment wäre, wenn er aus der Kulisse tritt: hyperbolisch, bannend, extravagant. Nehmen Sie nun noch seinen Geist u. seine notorische Tiefe hinzu, so werden Sie verstehn, dass ich ihn eine einzigartige deutsche Erscheinung nannte‹«.[24] So wird Oelze zum Maßstab für Benns Urteile über Bremen.

Oelze verkauft sein Haus in der Hartwigstraße Ende Juli 1936, »ein Schlussstrich unter weitere 14 Jahre Leben. Der Käufer ein junger Arzt, der sich das Geld irgendwo pumpt«.[25] Oelze zieht mit Frau und Sohn in die Villa seiner Schwiegermutter in der Horner Heerstraße 7.

Oelzes Villa in der Horner Heerstraße

»Das Haus Meier in Bremen,
Stadtteil Horn-Lehe, Ortsteil Horn, Horner Heerstraße 7,
entstand 1869 nach Plänen von Baumeister H. Basselmann.
Dieses Gebäude steht seit 1999 unter Bremer Denkmalschutz.
Die repräsentative, klassizistische, verputzte, zweigeschossige
Villa mit einem Walmdach und zwei Giebeldreiecken
(Tympanon) entstand 1869 in der Epoche des Historismus
für den Bremer Bürgermeister, Senator und Juristen Johann
Daniel Meier. Er war 1863, 1865, 1868 und 1870 Präsident des
Senats. Nur zwei Jahre nach dem Hausbau verstarb Meier
bereits 1871. Das Relief des Familienwappens befindet sich
in einem der Giebeldreiecke.
Neben dem Haus stand bzw. steht das Landhaus von
Hieronymus Klugkist (1750) bzw. Focke/Fritze (1820), bekannt
als Borgward-Villa. [Daneben liegt der 46 Hektar große
Rhododendron-Park.]
Der Umbau von 1930 lag in den Händen des Architekten
Rudolph Leymann im Büro Wilhelm Blanke und der Umbau von
1959 bei Architekt Rudolf Lodders. Hausbesitzer waren nach
Meier u.a. Kaufmann Emil Plate (um 1884), Familie Schütte (um
1930), Familie Borgward (um 1958), [Oelze fehlt].
Aktuell (2017) wird das Haus für geschäftliche Zwecke und zum
Musikunterricht genutzt. [Wikipedia, siehe auch Rudolf Stein:
Klassizismus und Romantik in der Baukunst Bremens. Hauschild,
Bremen 1964]

4 Luftangriffe auf Bremen

Vor dem Krieg besuchte Oelze den Freund öfter in Hannover, wo Benn vom 1. April 1935 bis 30. Juni 1937 als Oberstabsarzt stationiert war, bevor er nach Berlin versetzt wurde. In seinen Briefen nahm Benn regen Anteil am alltäglichen Leben in Bremen, an den Veränderungen und Einschränkungen, die die Bremer nach Kriegsbeginn vor allem durch die Luftangriffe erdulden mussten.

Die ersten Bombardierungen Bremens erfolgten am 18. und 19. Mai 1940, Benn erkundigte sich umgehend: »Ich schreibe vor allem, um zu fragen, ob Sie die Luftangriffe überstanden haben und ich hoffe sehr, dass es Sie persönlich nicht berührt hat«, heißt es am 21. Mai 1940. »Bitte schreiben Sie mir doch Ihre Privatadresse noch einmal genau u. die von Ihrem Geschäft. Falls das eine Postdepot nicht funktioniert, weiß ich dann die anderen.«[26]

Die ersten Angriffe kamen überraschend, Fliegeralarm wurde noch nicht gegeben. Englische Flugzeuge warfen 135 Spreng- und 79 Brandbomben, im Ostertor wurden vor allem Bürgerstraße und Buchtstraße getroffen, 17 Tote und 50 Verletzte waren zu beklagen.

Die Bombenangriffe sind von nun an ein ständiges Thema in der Korrespondenz dieser Jahre. Benn hört bereits im September 1940 davon, dass die »Herstellung von Flugzeugen, speziell Bombern, in den USA märchenhaft sein soll. Die Folgen lassen sich ermessen. Also dies ist zum Mindesten eine Möglichkeit, die man in seine Gedanken einbeziehen muss, wenn man von der Zukunft spricht.«[27] Vor den »bösartigen Angriffen« durch neue Bombertypen aus den USA warnt er Oelze kurz darauf nochmals.[28]

Vor allem beunruhigt ihn die Schwere der Zerstörungen: »Bremen soll arg verwüstet sein, wird hier erzählt.« »Der Bahnhof sähe à la Dünkirchen aus. Ist das richtig?«[29] »Was macht Bremen? Steht Horn unberührt?«[30]

Oelze berichtet von der Zerstörung seines Elternhauses in der Kohlhökerstraße. Am 26. Januar 1942 waren abends um 20 Uhr drei Sprengbomben auf das Wohnhaus von Otto Weiß, Contrescarpe 38, Ecke Kohlhökerstraße gefallen, sechsundzwanzig Personen starben. Die hohe Zahl der Opfer erklärt sich aus einer Familienfeier, die zur Zeit der Bombardierung stattfand: »Das Haus, von dem nur die Vorderwand noch steht«, schreibt Oelze, »gehörte Otto Weiss, dem Inhaber der berühmten Kaffeefirma Schilling, der mit fast seiner gesamten Familie bei der Feier seines 60. Geburtstages in seinem Esszimmer ums

Leben gekommen ist. Die Strasse, die den alten Namen Kohlhökerstrasse trägt, befindet sich unmittelbar bei den Wallanlagen im eigentlichen alten Wohncentrum Bremens, etwa 600 m Luftlinie vom Hauptbahnhof, mehr als 3 ½ km von meiner Wohnung in Horn entfernt.«[31] Benn kommentiert am 1. Februar 1942: »Mein aufrichtigstes Beileid zu der Katastrophe!

Durch Volltreffer zerstörte Bremer Häuser

Das sind also die Einflüge, von denen es dann im OKW [Oberkommando der Wehrmacht] Bericht heisst: Geringer Sachschaden ohne Bedeutung.– Eine einzige Luftmine u. dieses Ausmass von Zerstörung! Alle diese wunderbaren Sachen verloren, von denen Sie schreiben, und die in Ihrem Schreiben noch einmal aufleuchten in ihrer einstigen Schönheit! Aber Sie sind sich ebenso klar wie ich darüber, dass dies erst der Anfang ist, ein Stimmen der Geigen, bald werden wir das Gesamtorchester in unseren Ohren brausen hören. Ihre armen Eltern!«[32] Er vergisst nicht, Oelze an die »Sachbeschädigungsentgelte« zu erinnern, die Bombengeschädigte vom Staat fordern können, »Kunstgegenstände werden nicht ersetzt«.[33] Wer ausgebombt wurde, erhielt darüber eine amtliche Bescheinigung – für Neubeschaffung von Kleidung, Schuhen, Möbeln und Einrichtungsgegenständen –, wenn es so etwas überhaupt noch zu kaufen gab. Bei der Bescheinigung war das Wort »total« ausschlaggebend. Legte ein Soldat diese Bescheinigung seinem Kommandanten vor, bekam er Sonderurlaub in die Heimat, um den Angehörigen zu helfen.

Benn fragte Ende September 1942, was »die letzten Angriffe auf Ihre Heimatstadt gebracht haben.« In diesem Monat erfolgten die bis dahin schwersten Bombardierungen Bremens. Aus großer Höhe warfen britische Bomber am 5. September 200 Spreng- und 15.500 Brandbomben auf das gesamte Stadtgebiet. Die Altstadt wurde aufs Schwerste beschädigt, die Kunsthalle wurde getroffen, wertvolle Gemälde verbrannten, das Essighaus verglühte.

Zwei Wochen später traf ein Großangriff in zwei Angriffswellen erneut die Innenstadt, 200 Spreng- und 21.000 Brandbomben fielen. In der Langenstraße wurden zahlreiche alte Kaufmannshäuser Opfer der Brände, das Feuer im Alten Rathaus konnte glücklicherweise von der dortigen Brandwache gelöscht werden. Siebenundsechzig Menschen starben, mehr als dreihundert überlebten verletzt. Benn sah richtig voraus, dass die Hafenstadt Bremen eine wichtige Zielscheibe der britischen und amerikanischen Bomber bleiben würde. »Ihr armes Bremen! Es kann doch eigentlich garnichts mehr von ihm übrig

Das Weserufer nach einem Bombenangriff

sein«, heißt es im Dezember 1943[34] und kurz darauf: »Meine Freude, Sie noch in Bremen zu wissen, wird getrübt durch Sorgen, wie Sie den letzten Angriff überstanden haben, der ja wohl sehr schlimm war.«[35]

Benn meint den 132. Luftangriff auf die Hansestadt, Fliegeralarm um 22.30 Uhr, Bremen erlebt sein bis dahin verheerendstes Bombardement. Rund fünfhundert Flugzeuge werfen in der Nacht vom 18. zum 19. August 1944 rund 860 Tonnen Bomben, davon 68 Minenbomben, 2.300 Spreng-, 10.800 Phosphor- und 108.000 Stabbrandbomben. Ein «masterbomber» markiert das Ziel. Um die deutschen Radargeräte zu stören, werden Stanniolstreifen abgeworfen. »Die Stabbrandbomnen«, schreibt der Zeitzeuge Bernhard F., »waren 30–40 Zentimeter lang, sechs- oder achteckig und hatten kein Leitwerk, sondern einfach nur einen schweren, massiven Metallkopf. Sie schlugen durch die Dachpfannen und dabei hinterließen sie nicht einmal ein besonders großes Loch. Sie schlugen in den Wohnungen irgendwo auf, entzündeten sich und dann brannte es. Wenn man besonders mutig war und bei Alarm in der Wohnung oder im Haus blieb und dann hörte, dass so ein Ding durch das Dach geknallt war, konnte man so eine Brandbombe auf ein Kehrblech fegen und aus dem Fenster werfen.«[36]

Für die westliche Vorstadt Bremens brachte der Flächenangriff in einem Feuersturm die völlige Vernichtung, die dem Untergang Hamburgs ein Jahr zuvor ähnelte. Die Feuerwehr war hilflos und musste sich darauf beschränken, die in den Bunkern und Kellern durch ein Flammenmeer umgebenen Menschen herauszulotsen. Viele Bremer erstickten und verbrannten in ihren Kellern: »Mein Vater war zu Hause geblieben. Bei dem Bombenhagel, der einsetzte, hatte er natürlich überhaupt keine Chance. Was da alles runtergekommen ist! Als es ihm zu schlimm wurde, hat er noch versucht, mit dem Fahrrad zu flüchten. Wir hatten im Keller immer eine Badewanne voller Wasser. Meine Mutter konnte das später genau rekonstruieren: Er ist in den Keller gegangen, hat seinen Bademantel ins Wasser getaucht, sich den nassen Bademantel übergezogen, ist aufs Fahrrad und wollte weg. Bis in den Innenhof ist er gekommen, und da ist er erstickt. Weil das Feuer so intensiv war, ist der ganze Sauerstoff weggefressen worden. Dadurch entstehen unglaublich heftige Turbulenzen, der Feuersturm.«[37]

Aus den Luftschutzakten über den Großangriff auf den Bremer Westen geht hervor: »Gegen 1.40 Uhr versuchte ich nochmals, auf verschiedenen Wegen in das Feuersturmgebiet vorzudringen, vor allem auch zum Bunker Grenzstraße zu gelangen, da dort ebenfalls Einschlußgefahr bestand. Wir kamen bis zum Straßenkreuz Grenzstraße – Steffensweg, mußten dort aber wegen der äußerst starken Hitzestrahlung und wegen des vom Feuersturm sprühenden Funkenregens umkehren [...] Ich bin davon überzeugt, daß es keiner Löschgruppe gelungen wäre, aus dem Feuersturm zu entkommen, es sei denn vielleicht, die hätte auf dem ganzem Weg eine Wassergasse legen können. Dies stützt sich auf die Beobachtung, daß die meisten der auf den Straßen aufgefundenen Leichen an den Straßenecken lagen, und zum Teil hier in den ausgebrannten Häusern *auf* dem Schutt. Daraus ist zu schließen, daß die Volksgenossen, die in den Häusern geblieben waren, versucht haben, durch den Feuersturm zu entkommen. An den Straßenecken sind sie dann von den Böen erfaßt und zur Seite und in die Häuser geschleudert worden [...] Welche Gewalt das Feuer gehabt hat, geht unter anderem daraus hervor, daß gegen Morgen, zur Zeit der Dämmerung, als ich zu Fuß in das Schadensgebiet ging, der übergroße Teil aller Häuser bereits ausgebrannt war. Die Trümmer glühten zum Teil noch; das Begehen der Straßen war infolge der Hitzestrahlung nur in der Straßenmitte und auch dann nur unter Schwierigkeiten möglich.«[38]

1.050 Tote wurden ermittelt, doch gab es darüber hinaus noch viele Vermisste. 8.000 Wohngebäude, dazu mehr als dreißig öffentliche Gebäude fielen in Schutt und Asche, der Bremer Bevölkerung gingen 25.000 Wohnungen verloren. Die St. Stephanikirche, die St. Michaeliskirche, die St. Wilhadikirche und die St. Marienkirche fielen den Bomben anheim, dazu das Focke-Museum. Vor dem 18. August war es immer noch möglich gewesen, die Toten der Luftangriffe in Einzel-

Die zerstörte Stephanikirche

gräbern zu bestatten; die Toten des Angriffs jener Nacht aber – bis zum 23. August wurden 756 geborgen – mussten bei brütender Hitze in Massengräbern bestattet werden: Eine »feierliche Gesamtbestattung« fand am 27. August 1944 auf dem Osterholzer Friedhof statt.

Winston Churchill hatte am 10. Mai 1940 den Bombenkrieg offiziell eröffnet, die Terrorangriffe auf die kriegsunwichtigen deutschen Altstädte waren in den britischen Medien jedoch umstritten. Von Anfang an gab es eine Debatte darüber, ob die systematische Zerstörung deutscher Städte moralisch und rechtlich vertretbar sei. So erschien in dem linken Boulevardblatt *Daily Mirror*, mit über zwei Millionen Auflage die drittgrößte Tageszeitung Englands, ein Bericht eines Kriegsveteranen, in dem es hieß: »Seit ich Bremen sah, war ich zerrissen von dem, was wir getan haben.« Die populäre Labour-Politikerin Mo Mowlan dagegen verteidigte Churchill: »Er musste ein Ungeheuer sein, um das Land, das er liebte, vor Hitler zu retten«[39]. Dabei stand jede Verteidigung eines Angriffs auf kriegsunwichtige mittelalterliche Kleinstädte auf schwachen Beinen, denn Churchills Bomber-Chef Arthur Harris hatte bereits neunzehn deutsche Städte nach ihrer Brandanfälligkeit katalogisieren lassen. Als wenig geeignet galten Frankfurt und Kiel mit ihren steinernen Zentren, als lohnende Ziele Orte wie Bremen (»altes Stadtzentrum; brennt gut«) und Freiburg (»Holzhäuser, enge Straßen«).

Die Feuerstürme sollten durch eine raffinierte Kombination der Angriffsschritte ausgelöst werden: Zuerst werden Luftminen abgeworfen, deren Druckwellen Dächer abdecken, Fenster wegblasen. Dann regnen Brandstäbe und Phosphorbomben in die geknackten Häuser, in denen sich durch Zugluft nunmehr jeder kleine Brandherd zum Großbrand auswachsen kann. Schließlich werden durch Spreng- und Splitterbomben Wasserleitungen zerstört, Straßen verkratert und Löschtrupps ausgeschaltet, sodass sich die zahllosen Einzelbrände ungehindert zu einem einzigen rasenden Flammenmeer vereinigen können.

Teuflische Folge dieser Technik: Über den in Brand gesteckten Stadtteilen bildet sich eine gigantische Heißluftsäule, die orkanartige Stürme produziert und Tausende Tonnen Sauerstoff absaugt. Die Menschen, ganz gleich, ob sie sich im Keller verbergen oder ins Freie fliehen, krepieren an Hitzschlag oder Überdruck, Verbrennungen oder Kohlenmonoxidvergiftung.[40]

Im Übrigen hatte Hitler im Frühjahr 1944 geäußert, der feindliche Luftterror sei zwar schlimm, »habe aber auch insofern etwas Gutes, als er diese Städte überhaupt für den modernen Verkehr aufschließt.«[41] Das war schon im Dezember 1943 die Ansicht des Bremer Baurats Wilhelm Wortmann gewesen: »Der Krieg und besonders der Luftkrieg versetzt der Großstadt von gestern und heute den Todesstoß und schlägt eine mächtige Bresche für den Kampf um ihre umfassende Gesundung und wahre Neugestaltung.« Dass Wortmann nach 1945 den Aufbau Bremens maßgeblich mitbestimmte, ist einer von vielen Belegen für einen ernüchternden Befund: Es gab im Städtebau keine »Stunde Null«. Den Wiederaufbau nahmen diejenigen Städteplaner in die Hand, die diesen bereits während des Krieges in Grundzügen vorbereitet hatten. Mancher NS-Baufunktionär ist als ein Technokrat entnazifiziert worden, der nur »der Sache verpflichtet war.«[42]

Bremen stand bei der Anzahl der Luftangriffe gegen deutsche Städte an zwölfter Stelle. Neben der Flugzeug-, Werft- und Ölindustrie waren die dicht besiedelten Wohngebiete verlorengegangen, so die gesamte westliche Vorstadt. 890.000 Bomben auf Bremen töteten insgesamt 3.562 Bürger. Achtundfünfzig Prozent des gesamten Wohnraums verbrannten. Am 6. Oktober 1944 ging die Altstadt des seit dem Jahr 787 verzeichneten

Bischofsitzes unter. Das eindrucksvoll ornamentierte gotische Essighaus wurde vernichtet, die dreischiffige Pfeilerbasilika St. Ansgarii, begonnen 1229, ausradiert. Auch die einschiffige Backsteinkirche in Gröpelingen mit der im Chorgewölbe ausgeführten Darstellung des Jüngsten Gerichts wurde ein Opfer der sinnlosen Bombardierung einer mehr als tausendjährigen Stadt, deren Rathaus glücklicherweise nur geringfügig beschädigt wurde und das heute – ein schwacher Trost – zum Weltkulturerbe der Unesco gehört.

Eine amerikanische Kneipe im Bremer Rathaus

5 *Gustav Paulis Erinnerungen*

Im August 1943 wird Benns Dienststelle von Berlin nach Landsberg an der Warthe verlegt. Er wohnt in der General-von-Strantz-Kaserne, »hoch gelegen, mit einem herrlichen Blick über die Stadt u. die Flussebene in die Niederung, die östliche (Warthe- u. Netzebruch), aber 137 Stufen steigen, ehe man hinaufgelangt u. es ergiebt sich, Blick ist nicht alles, ein Aufzug wäre auch was wert. Zu tun ist nichts. Die Dienststellen sind auseinandergerissen, die Desorganisation macht sich angenehm geltend.«[43] Benn arbeitet am *Roman des Phänotyp,* »hier kann ich fast ununterbrochen bereit sein, zu denken und zu kritzeln.« Manchmal besucht er die beiden Leihbibliotheken, denn er liest viel und hat sich auch in Berlin immer Bücher aus Leihbüchereien ausgeliehen.

Im Mai 1944 erfährt Oelze: »Ich nahm mir aus der Leihbibliothek ein Buch mit, das ich in Ihrem Gedenken las, es handelte von einem Bremer bezw. war von ihm geschrieben u. schilderte

Ihre Vaterstadt u sicher kennen Sie alle Genannten genauestens. Es ist Herr Gustav *Pauli*: Erinnerungen aus 7 Jahrzehnten u ich erfuhr etwas über den Wasserbaumeister Franzius u Bürgermeister Bessel u. H.H. Meier u Schütte u Melchers u. Focke u. Fitger u. Bulthaupt. Dahin passte ja nun Ihre Erwähnung von Rilkes Vorlesung in jenem Frühling bezw. seiner Frau u. ich sah das Alles vor mir. Auch dass in Bremen das Reich des Zwiebacks beginnt u. dass man auf der Schaffermahlzeit Frack mit *schwarzer* Binde trug –, *nahmen Sie an der Schaffermahlzeit Teil?* Kurz ich versank einen Tag in Ihre Heimaterde u. fand auch Ihren oftgenannten R. A. Schröder genügend dargestellt; trotzdem habe ich für die zitierte *Deutsche Ode* nicht viel Sinn, da ist das kleine Gedicht an Adele Wolde netter, das Pauli an anderer Stelle zitiert. Seltsame Welt, – das Ganze! Wahrscheinlich konnte man sie wirklich nur so darstellen wie in Buddenbrooks u. Prof. Unrat, also völlig entfernt vom Kommerziellen u. Wohlwollend-Humanitären. Es muss eine sehr verbindende, Ketten schmiedende Welt gewesen sein, die kaum jemanden losliess, der sich nicht mit sehr elementaren Kräften von ihr trennte.«[44]

Benn hatte sich mit den *Erinnerungen* Paulis ein Buch ausgeliehen, das den Geist des Bremischen Kaufmannsstandes gut beschreibt: »Der selbstbewußte Bürgersinn, der seine Ehre nicht nur in der Wahrung seiner Rechte, sondern in hingebender Bereitschaft zum Dienst am Gemeinwohl sah, er ist es, der die Hansestädte, und Bremen zumal, erhebt.« Pauli, der in Bremen geboren und 1899 als Direktor der Kunsthalle berufen wurde, beschränkt sich bei der Geschichte seiner Vaterstadt nicht auf die unmittelbare Bedeutung der Kunst in Bremen, sondern geht auch auf die wirtschaftlichen Bedingungen der Hansestadt ein, die ihren Wohlstand begründen. »Bremen durfte einer glücklichen Zukunft entgegensehen, nachdem es gelungen war, seine Zugangsstraße zum Weltmeer, den Lauf der Unterweser, den Bedürfnissen der neuen Zeit entsprechend zu vertiefen. Der Binnenländer ahnt nicht, was dies für unsern Außenhandel, für Bremen und für ganz Deutschland bedeutete.«[45] Der Retter in der Not war Ludwig Franzius, »der geniale Wasserbaumeister«. Durch Verkürzung des Flusslaufs und zweckmäßige Uferbauten wurde erreicht, dass der Fluss selbst das meiste zur Vertiefung seines Bettes beitrug, sodass auch Schiffe mit großem Tiefgang in den Häfen der Stadt ankern konnten: »Das ganze Unternehmen war für die Bremer umso rühmlicher, weil sie es – vom Reich und den deutschen Nachbarstaaten im Stich gelassen – allein gewagt und vollendet hatten.«[46] Pauli weist immer wieder auf den »schönen Bürgersinn der alten Bremer Familien hin, die im eigenen Wohlstand eine Verpflichtung gegenüber dem Gemeinwesen erblicken.« H. H. Meier, der sich mehr für künstlerische als geschäftliche Dinge interessierte, besaß die bedeutendste Privatsammlung der grafischen Kunst des 19. Jahrhunderts in Deutschland, die den meisten Museen überlegen war. Einen Teil machte eine Max Klinger-Sammlung aus, deren seltene und einzige Probedrucke ihm von Klinger geschenkt worden waren. Diese Sammlung ging testamentarisch in den Besitz der Kunsthalle über, »sie bildete die willkommenste Ergänzung des ohnehin kostbaren Kupferstichkabinetts, zumal da sie auch um eine wertvolle Kunstbücherei vermehrt wurde.«[47]

Meiers Nachfolger im Vorsitz des Kunstvereins, Carl Schütte, übertraf ihn noch, indem er den Neubau der Kunsthalle anregte. Er setzte sich mit einem Betrag von zweihunderttausend Mark, den er im nächsten Jahr um weitere hunderttausend erhöhte, an die Spitze einer Spendensammlung für die nötigen Baukosten. Schütte hatte mit seinem älteren Bruder Franz im Petroleumgeschäft ein großes Vermögen erworben, »von dem sie beide einen nicht geringen Teil für die Verschönerung ihrer Vaterstadt opferten, wobei sich der Verzicht auf irgendwelche äußeren Zeichen der Anerkennung von selbst verstand.«[48]

Pauli war mit der Tochter des Bremer Unternehmers Anton Friedrich Carl Melchers (1781–1854) verheiratet. Zusammen mit Carl Focke gründete dieser die Firma *Focke & Melchers* als Segelschiff-Reederei und Handelshaus. Schwerpunkte lagen bei Auswanderern in die USA und dem Transport von Waren aus Kuba, Mexiko und den USA. Die Reederei betrieb über dreißig Schiffe zwischen den Häfen Europas, Amerikas und den pazifischen Gewässern und war auch im Woll- und Tabakhandel tätig.

Seit den 1860er-Jahren etablierte sich das Unternehmen in Asien und betrieb vor allem den Handel mit China. Die Firma trennte sich deshalb vom Reedereigeschäft. Das Unternehmen hatte seitdem außerordentliche Erfolge. In zwölf Niederlassungen in China waren über 2.000 Mitarbeiter beschäftigt.

Melchers hatte die väterliche Firma um eine in Kuba begründete Zweigniederlassung erweitert, zog sich aber aus Gesundheitsgründen aus dem Geschäft zurück. Er betätigte sich jedoch nach guter Bremer Sitte für kulturelle Einrichtungen und förderte durch große Spenden insbesondere das Völkerkundemuseum und das Focke-Museum: »Ihm ist das Kapital zu verdanken, aus dessen Zinsen der Blumenschmuck des Gartens unterhalten wird.«[49] Der jüngere Bruder Hermann leitete die dem Stammhaus angegliederte Chinafirma, die für den Verkehr unter ihren verschiedenen Niederlassungen auch eigene Schiffe unterhielt: »Er bewohnte im Winter das große Stadthaus seiner Eltern mit prächtigen Gesellschaftsräumen und im Sommer einen am Ufer der Lesum in St. Magnus schön gelegenen Landsitz, die Villa Lesmona. Inmitten eines großen gepflegten Gartens, von dessen Höhe man weit hinaus über das Flachland nach Bremen und ins Oldenburgische blicken konnte, lag das einstöckige Landhaus, vor hundert Jahren im klassizistischen Stil erbaut. Es stand auf einem Hügel an eben jener Stelle, wo einst der Erzbischof von Bremen seinen Landsitz gehabt hatte.«[50] Durch die »beharrlich stille Sammeltätigkeit« des Rechtssyndikus Dr. Johann Focke bekam das historische Museum neuen Aufschwung, es wurde mit dem Gewerbemuseum zusammengelegt und erhielt im ehemaligen, umgebauten Armenhaus »den allerschönsten Platz, mit einem freundlichen Gartenhof in seiner Mitte und der still vorbeifließenden Weser zu seinen Füßen.« Pauli berichtet davon, dass Focke bestrebt war, die Bremer Landsleute durch Ausstellungen mit zeitgenössischer Kunst bekannt zu machen, namentlich die benachbarten Worpsweder Künstler zu zeigen, die jedoch von der alten Garde des Kunstvereins als »ultramoderne Richtung« angesehen wurden.

Der bekannteste Künstler Bremens, der Malerdichter Arthur Fitger, galt als der »Kunstpapst« von Bremen. Er suchte Kontakte zu den traditionellen und eher konservativen Künstlern und traf sich mit dem Dichter Hermann Allmers. Fitger und die »neue Kunst der verwerflichen Worpsweder« waren Antipoden. Jedes Mal, wenn in der Kunsthalle eine neue Ausstellung eröffnet wurde, veröffentlichte er eine bissige Kritik in der von seinem Bruder Emil redigierten *Weserzeitung*, dem angesehensten Blatt der Stadt. Über Paula Becker, der späteren Frau von Otto Modersohn, schrieb er am 20. Dezember: »Unsere heutigen Notizen müssen wir leider beginnen mit dem Ausdruck tiefen Bedauerns darüber, dass es so unqualifizierten Leistungen wie den so genannten Studien von Marie Bock und Paula Becker gelungen ist, den Weg in die Ausstellungsräume der Kunsthalle zu finden. Dass so etwas hat möglich sein können, ist sehr zu beklagen.« Damit hat er, schreibt Pauli, »das Gemüt einer höchst begabten, ihm selber an Gesinnung weit überlegeneren Künstlerin tief verletzt, so dass sie sich vor der Öffentlichkeit fortan scheu verbarg.«[51] Wie Fitger, so bestimmte auch Heinrich Bulthaupt das Geistesleben der Stadt: »Eine kultivierte Sprache in Reim und Prosa mühelos beherrschend war er als vielbegehrter Vortragsredner und Schriftsteller eher der feinsinnige Interpret älterer Dichter als ein schöpferischer Gestalter. Als Regisseur, Schauspieler und Redner spielte er bei den festlichen Veranstaltungen der Bremer, namentlich des Künstlervereins, dessen Vorsitzender er war, eine große Rolle.«[52]

Benn bekam aus der Lektüre der Erinnerungen Paulis einen lebendigen Eindruck vom Zusammenspiel des künstlerischen und merkantilen Lebens der Hansestadt im 19. Jahrhundert, und dieses Bild prägte auch seine Ansichten von der Person Oelzes, wenn er diesen in die Reihe seiner herausragenden Bremer Landsleute stellte und »als eine gesellschaftlich so qualifizierte Persönlichkeit« ansah, »die den Senatorenkreisen nahe steht u. so englisch stilisiert ist.«[53] Auf Oelze, der die Geschäfte immer »mit leichter Hand« führte, wie es in der Bremer Kaufmannssprache heißt, trifft die paulische Schilderung zu: »Bremen ist nie eine Rentnerstadt gewesen, und ein gewisser familienhafter Zusammenhang, bei dem in gleichen Lebenskreisen jeder den andern kennt, tut ein übriges, um den einzelnen zu überwachen. Die Unbeschäftigten, die noch etwas auf sich halten, geben sich wenigstens den Anschein, als wenn sie zu den gewohnten Stunden ihr Geschäft aufsuchten, wenn sie es nicht vorziehen, irgendwo hin überzusiedeln, wo das Nichtstun unauffällig bleibt.«[54] Besser kann man Oelzes Lage nicht fassen, denn er verwaltete im Wesentlichen das Vermögen seiner Frau.

Im Jahre 1906, so schreibt Pauli, stand die erneuerte Kunsthalle fertig da als eine Zierde ihrer Umgebung und der Stadt, in deren architektonischen Rahmen sie sich vortrefflich einfügte. Rilke, der zu jener Zeit in Worpswede lebte, »hatte sich bewegen lassen, einen Prolog in Form eines Zwiegesprächs zu dichten. Einer unserer Freunde erschien als fremder Künstler und ein hochbegabter junger Jurist als Bürger, die auf der Freitreppe

Eine Ansichtskarte der Bremer Kunsthalle

der Kunsthalle in edelgeformten Versen das neue Haus begrüßten. Rilkes Verlobte, Clara Westhoff, hatte den Kopf der Jungfrau Maria modelliert, deren Altarbild am Anfang und Schluß des Spiels an seinem Platze steht. Das Publikum klatschte stürmisch Beifall.«[55] Vielleicht war der stürmische Beifall, der Rilkes *Zwiegespräch* auf der Freitreppe der Kunsthalle zuteilward, der erste laute Erfolg, den er genoss, denn mit seiner Lyrik, die er gelegentlich in Privathäusern vorlas, war er bisher nicht auf die gewünschte Resonanz gestoßen. Oelzes Bekanntschaft mit Clara Westhoff war auch deswegen für Benn von großer Bedeutung, weil seine Manuskripte während des Krieges bei ihr in Fischerhude lagerten.

6 Schumacher, Stufen des Lebens

»Zu selbständigem Schaffen regte ihn stets aufs Neue die heimische Landschaft mit ihren herrlichen Bäumen und großartigen Wolkenbildungen an; der eichenumstandene Landsitz, den die Familie im Sommer im nahen Oberneuland bezog, gab dafür die schönsten Motive.«[56]

Diese Zeilen aus dem ersten Kapitel des Buches von Fritz Schumacher, *Stufen des Lebens, Bremen 1839–1869. Erinnerungen eines Baumeisters*, Stuttgart 1935, hatten Benns Aufmerksamkeit erregt: »Ich nahm kürzlich [Oktober 1947] aus einer meiner 3 Leihbibliotheken ein Buch mit, weil auf einer seiner ersten Seiten mir ›Oberneuland‹ entgegenleuchtete, eine Autobiographie eines Bremer Societysprösslings, dessen Name mir bis dahin unbekannt war: Herr Fritz Schumacher, ein Architekt u. Baumeister, geb. 1869, der in ihrer Vaterstadt das Franziusdenkmal (1907) schuf u. die Villa Iken (1900), – Ihnen sicher ein Begriff.«[57]

Das Franziusdenkmal von Fritz Schumacher

Mit den Erinnerungen von Fritz Schumacher hatte Benn ein Buch aus dem Regal genommen, in dem die Weltläufigkeit der Bremer Kaufmannschaft angemessen und anschaulich dargestellt wurde: Den Erinnerungen von Gustav Pauli stand es in nichts nach. Im Abbildungteil war ein Foto der Villa des Bankinhabers Johann Friedrich Iken (1900) zu sehen, die in Oberneuland gebaut wurde: »Um die Wende zu unserem Jahrhundert erneuerte man die meisten Baulichkeiten. Bis dahin stand noch das alte köstliche Ikensche Gutshaus, ein Bauwerk von echt heimatlichem Gepräge, das seine Abstammung vom niedersächsischen Bauernhause nicht verleugnete. Um 1900 entstand durch den bekannten, aus Bremen stammenden Architekten Professor Dr. Fritz Schumacher, an Stelle des abgebrochenen alten Gutshauses ein Neubau. Aus früheren Gestaltungsformen des Ikenschen Vorwerks sind einige bemerkenswerte Reste erhalten geblieben, die aus der Zeit um die Wende zum neunzehnten Jahrhundert stammen. Zwei Sandsteinpostamente, mit Blumengehängen geschmückt, der Ceres und der Flora gewidmet, und ein reichgegliederter, geriefelter! Säulenunterbau unter einer Vase sind ganz den Formen entsprechend, die um 1800 den Toten als Grabmale gesetzt wurden.[58] Die Sandsteinschmuckstücke weisen darauf hin, daß hier das Wunschbild der Frühzeit des englischen Stils, der empfindsame Garten, erstrebt wurde.«[59]

Oelze schreibt dazu: »In der Villa Iken, Oberneuland, die Sie erwähnen, waren wir als Kinder oft zu offiziellen Sonntagmittagsessen; Iken war ein Vetter meines Vaters. Übrigens berührte mich in der Schumacherbiographie ein Zug peinlich, der auch für die Zeit und ihre Bildungs- und Komitégrössen typisch ist: ihre Eitelkeit. Nicht nur das geschmacklose Betonen ihrer beruflichen und gesellschaftlichen Bombenerfolge – jeder bedeutendere Mann, dem sie irgendwann und -wo begegnet sind, wird, vielleicht nach kurzem, anfänglichen Missverstehen ihr ›Freund‹, Förderer, Bewunderer – von Max Klinger bis Louis Hagen. Aber der ganze Ruhm der Berühmten um die Jahrhundertwende beruhte ja auf wechselseitiger Beweihräucherung und Krächen in schönem Rhythmus: Hofmannsthal-George, Schröder-Borchardt, Bierbaum-Heymel u.s.w. u.s.w. Um 1900 geht doch wohl eine ganze Epoche zu Ende.«[60]

7 Schaffermahl

Benns Interesse an den gesellschaftlichen Normen und Bräuchen Bremens wird auch an der Frage deutlich: »Waren Sie bei der *Schaffer*mahlzeit? Mit schwarzer Frackweste?« fragt er Oelze im Februar 1953.[61] Dieses Detail der Kleidung hatte Benn schon vor zehn Jahren interessiert, als er in den *Erinnerungen* von Gustav Pauli eine Beschreibung der Schaffermahlzeit fand, an der die Teilnehmer im »Frack mit schwarzer Binde« teilnahmen:

»Da gibt es im Februar die berühmte Schaffermahlzeit im Hause Seefahrt, bei der sich die Kaufleute mit ihren Kapitänen zusammenfinden. Die Speisenfolge ist durch alte Sitte geheiligt: Suppe, Stockfisch, Braten und Nachtisch. Neben jedem Gedeck liegen zwei Tüten aus Silberpapier und Goldpapier für Salz und Pfeffer und dazu ein Täschchen mit einer Reihenfolge erlesener Zigarren. Als Getränk gibt es nur einen Rheinwein und einen Bordeauxwein? – aber einen Löwen.«[62]

»Schaffen, schaffen unnen un boven, unnen un boven schaffen! Essen fassen, Essen fassen unter Deck und an Deck, unter Deck und an Deck, Essen fassen!«: Mit diesen Worten riefen früher die Bremer Schiffsköche die Schiffsbesatzungen zu Tisch. Ausgerichtet wird das Schaffermahl von der Stiftung *Haus Seefahrt*, die sich die Versorgung alter seemännischer Mitglieder sowie von deren Ehefrauen und Witwen zur Aufgabe gemacht hat. Schaffer nannte man früher die finanziellen Verwalter von *Haus Seefahrt*, die einmal im Jahr Rechenschaft über ihre Arbeit ablegen mussten. Dazu gehörte traditionell auch eine Bewirtung der Mitglieder. Die Kosten übernahmen die Schaffer hauptsächlich selbst. Später wurden jedes Jahr drei Bremer Kaufleute zu neuen Mitgliedern der Stiftung gewählt, die sich verpflichten mussten, nach zwei Jahren die Kosten für das Schaffermahl zu tragen. Zur Seite standen ihnen dabei sechs Kapitäne als sogenannte *Kapitänsschaffer*.

Die Schaffermahlzeit in Bremen ist das älteste sich alljährlich wiederholende Brudermahl der Welt, und diese Tradition besteht fort als Bewahrerin alter Überlieferung und als Verbindung zwischen der Schifffahrt und den Kaufleuten, »damit sie zu ewigen Tagen fest und unverbrüchlich gehalten werde«, wie es der Rat der Hansestadt Bremen schon 1545 formulierte.

Ursprünglich war die Schaffermahlzeit ein Abschiedsessen, das Kaufleute und Reeder alljährlich am Ende des Winters ihren auf Fahrt gehenden Kapitänen gaben. Seit Jahrhunderten hat sich an den Regeln während der Schaffermahlzeit nichts geändert. Frauen sind nicht zugelassen, Männer müssen in Frack und Zylinder in der Oberen Halle des Alten Rathauses erscheinen. Auswärtige Gäste, vielfach Geschäftspartner, dürfen nur ein einziges Mal in ihrem Leben teilnehmen, weshalb eine Einladung als große Ehre gilt. Beim Einlass der Teilnehmer spielt das Hanseatische Salonorchester den *Einzug der Gäste* aus der Oper *Tannhäuser* von Richard Wagner. wEröffnet wird das Mahl mit dem Ruf: »Schaffen, schaffen unnen un boven – unnen un boven schaffen!« durch den verwaltenden Vorsteher des *Hauses Seefahrt*. In rund fünf Stunden werden sechs Gänge serviert. Dabei folgt die Speisenfolge der alten Tradition. Die Schaffermahlzeit beginnt mit einer Bremer Hühnersuppe und endet mit Rigaer Butt. Das Essen läuft nach einem festen Ritus ab. Und da nach dem Abtragen der Suppenteller für die Folgespeisen nur ein Bestecksatz zur Verfügung steht, haben alle Teilnehmer Löschpapier für die Reinigung von Messer und Gabel beim Gedeck liegen.

Die kaufmännischen Mitglieder der Stiftung *Haus Seefahrt* kommen traditionell aus einflussreichen Kreisen der bremischen Wirtschaft. Dabei können sie sich nicht selbst um eine Mitgliedschaft bewerben, sondern werden von Fürsprechern innerhalb der Stiftung vorgeschlagen. Alljährlich wählt die Generalversammlung drei neue kaufmännische Mitglieder, die sich mit der Aufnahme bereits *Schaffer* nennen und als Gäste an der Schaffermahlzeit teilnehmen dürfen. Voraussetzung ist, dass sie Bremer Bürger sind oder in Bremen den Mittelpunkt ihrer geschäftlichen Tätigkeit haben. Zwei Jahre nach ihrer Wahl müssen sie als verantwortliche *Schaffer* die Schaffermahlzeit ausrichten und mit eigenen Mitteln finanzieren, wofür sie das Privileg haben, Reden zu halten. Sie bereiten die Veranstaltung gemeinsam und gleichberechtigt vor; die Benennung als *Erster*, *Zweiter* und *Dritter Schaffer* stellt keine Rangfolge dar, sondern soll organisatorische Festlegungen namensunabhängig erleichtern.

Mit der Ausrichtung des Festessens erhalten die drei »neuen Schaffer« das Recht, den Stiftungsgremien in jedem folgenden Jahr ihrer Teilnahme einen persönlichen Gast zur Einladung vorzuschlagen.

Die seemännischen Mitglieder der Stiftung sind Kapitäne, wobei es sich im Wesentlichen um nautische Spitzenkräfte bremischer Reedereien und Schiffe handelt. Ihrer Mitgliedschaft geht eine Bewerbung bei *Haus Seefahrt* voraus. Die Berufung zum *Kapitänsschaffer* erfolgt, anders als bei den *Schaffern der Kaufmann-*

Die obere Rathaushalle, in der die Schaffermahlzeit stattfindet

schaft, in der Reihenfolge der Aufnahme in die Stiftung. Bei jeder Schaffermahlzeit stehen den drei verantwortlichen (kaufmännischen) *Schaffern* sechs *Kapitänsschaffer* zur Seite.

Die Kaufleute schlagen Gäste aus dem In- und Ausland vor, durchweg hochrangige Persönlichkeiten in Führungspositionen aller gesellschaftlichen Bereiche. Zu den auswärtigen Gästen gehört stets ein Ehrengast, meistens ein führender Repräsentant staatlicher Organe oder eine sonst besonders renommierte Persönlichkeit. Im Jahre 2007 kam Bundeskanzlerin Angela Merkel als erste Frau überhaupt in die Gunst einer Einladung.

Benns Frage an Oelze, ob er an der Schaffermahlzeit teilgenommen habe, hat dieser nicht beantwortet. Als Bremer Bürger hätte die Generalversammlung ihn als kaufmännisches Mitglied des *Hauses Seefahrt* bestimmen müssen, und das war nicht der Fall.

8 *Bremens deutsche Sendung*

Am 1. August 1939 bedankt sich Benn bei Oelze für eine »Geschichte Ihrer Heimatstadt! Ich habe sie mit viel Interesse gelesen; nur vermisse ich die Erwähnung der Firmen Menke u. Ebbeke und den Namen gewisser Söhne, der mir die Stadt besonders sympathisch macht.« Benn störte besonders, dass in der Broschüre gar nicht der Versuch unternommen wurde, »Beziehungen der tausendjährigen Arbeit dieser so mächtigen Stadt zu geistigen Fragen und Persönlichkeiten« zu schildern, was offenbar aber auch niemand erwartet hätte. Auch vom Tabak- und Baumwollhandel, von der Unterweser und der Levante sei nicht die Rede.

Benns Kritik nimmt nicht wunder. Die Schrift von dreiunddreißig Seiten mit dem Titel *Bremens deutsche Sendung* wurde im Auftrag des Regierenden Bürgermeisters, des SA-Gruppenführers Heinrich Böhmcker, von Theodor Spitta verfasst und sollte Adolf Hitler bei seinem geplanten Besuch in der Hansestadt

Titelblatt *Bremens deutsche Sendung*

überreicht werden. Oelze schrieb in dem beiliegenden Brief: »Da ich ja leider wenig Aussicht habe[,] Sie in naher Zukunft einmal *hier* zu begrüssen, und da Bremen wie ich fürchte für Sie nur die Erinnerung an einen unschönen Bahnhofsvorplatz und eine Strassenbahnlinie bedeutet: so erlaube ich mir Ihnen beifolgend eine kl. Denkschrift zu überreichen, die dem Führer gelegentlich seines – abgesagten – Besuches am 1. Juli [1939] hier überreicht werden sollte. (Sie ist von einer mir befreundeten Persönlichkeit, Mitglied des alten Senats, verfasst.) Sind wir nun wirklich die ›Ausländer‹, für die man uns in Berlin hält? (soeben gestern deutete man es mir wieder bei einer Regierungsbehörde an) und wenn – sollten wir sehr traurig darüber sein?«[63]

Die Broschüre schwelgt in Kampfesmetaphorik, unterstreicht den Topos von »Blut und Boden«: »Bremens Geschichte zeigt ein Bremen des Kampfes, Wagemuts und Einsatzes, das sich allem Wechsel der Zeiten und geschichtlichen Gewalten durch ein Jahrtausend behauptet hat, und ein Bremen, das seine anfängliche Richtung trotz aller widrigen und ablenkenden Gegenmächte beibehalten und seine ureigenste Aufgabe in allem Auf und Nieder, dem auch Bremen unterworfen war, in steter Folge erfüllt hat, nach dem Gesetz, wonach es angetreten.«[64]

Benn findet allerdings die Argumentation nicht schlüssig: »An einer Stelle [Seite 7] wird erwähnt, dass die Stadt um ihres protestantischen Glaubens willen gegen einen Karl V kämpfte, aber wenige Zeilen später setzt sie sich dann gegen die Schweden, die Hüter dieses Glaubens damals in Europa, wiederum zur Wehr. Also auch mit dem Religiösen steht es nicht einwandfrei in der Geschichte dieser Stadt! Diese Geschichte bedarf der Ergänzung durch das Korn- u Essighaus und den Blick über den Fluss von Hinter der Mauer, auch die Tränen u die Flüche der Auswanderer sollte man darein verweben u. jene Heide nordöstlich am Fuss des Weyerberges. Allerdings enthält dies alles keine deutsche Sendung, sondern eine menschliche, demnach deklassierte. Aber lassen wir die Sendungen! Es hat sich ausgesendet!«[65]

Spitta beschränkt seine Darstellung in der Tat auf die Geschichte Bremens, soweit es sich um historische Auseinandersetzungen handelt. Bremen setzte sich gegen die schwedische Belagerung und Beschießung zur Wehr, leistete Widerstand gegen die Vernichtung seines Handels durch die Kontinentalsperre und kämpfte im Bunde mit Preußen 1866 an der Tau-

Das Ölbild in der alten Rathaushalle

ber. »Das Ölbild in der alten Rathaushalle hält das Gedächtnis an das blutige Ringen des bremischen Bataillons der Fünfundsiebziger um Orléans im Kriege von 1870/71 fest, und vom Todesopfer Bremens im Weltkriege zeugt das Ehrenmal für seine 10 000 Gefallenen [...] So ist Bremens ganze Geschichte angefüllt mit Kämpfen, aber nicht mit Kämpfen, in die es lediglich als Teil größerer staatlicher Zusammenhänge oder als Spielball anderer geschichtlicher Gewalten leidend und abhängig hineingezogen wäre, sondern von Kämpfen, die es auf sich nahm oder die ihm schicksalsmäßig auferlegt wurden, weil sich Bremen zu einer bestimmten Aufgabe berufen wußte, um ihretwillen Not und Gefahr ertrug und für ihre Erfüllung seine ganze Kraft, ja, sein Dasein einsetzte. Diese Aufgabe ist die Pflege und Förderung von Seeschifffahrt und Seehandel.«[66]

Im Folgenden beschreibt Spitta die Gefahr für den Bremer Handel durch die Versandung der Weser, den Bau des Hafens von

Vegesack, den Ausbau der Häfen Bremerhavens, die Vertiefung der Unterweser durch Franzius und den Seehandel mit den Vereinigten Staaten von Amerika: »Bremen war [zudem] der größte Auswandererhafen Europas geworden, der Hafen für den Auswandererstrom aus Osteuropa, während die Auswanderung Deutscher fast ganz aufhörte. Neben dem Tabakhandel war der Baumwollhandel Bremens zum ersten auf dem europäischen Festlande entwickelt.«[67]

Der Hinweis auf die »urdeutsche bodenverwurzelte Bevölkerung« wird ergänzt durch den Hinweis, dass Bremen »die Juden zunächst aus seinem Staatsgebiete völlig ferngehalten hat.«[68] Als das Reichsgesetz von 1869 alle Beschränkungen für Juden aufhob, sind sie allerdings auch später »infolge des natürlichen rassischen Gefühls der Bremer im politischen, wirtschaftlichen und kulturellen Leben Bremens dauernd an Zahl und Einfluß ohne Bedeutung geblieben.« Die Broschüre endet mit einer dem Jahre 1939 entsprechenden Floskel: »Bremen weiß, daß seine Aufgabe größer und schwerer ist als je, denn im Großdeutschland Adolf Hitlers bekommt alles ungeahnte Ausmaße an Größe und Intensität. Durchdrungen von seiner deutschen Sendung und gefördert von dem neuerstandenen starken Reiche, wird Bremen auch diese größere und schwerere Aufgabe für Deutschland erfüllen.«[69]

Ob Benn das Pamphlet »mit viel Interesse«, wie er sagt, gelesen hat, sei dahingestellt. Denn von der wirtschaftlichen Bedeutung der Stadt ist in der Tat kaum die Rede. Aber da Freund Oelze ihm das Machwerk übersandt hatte, beschränkte er sich auf die Kritik zu Anfang seines Briefes.

9 *Rudolf Alexander Schröder*

Einige Jahre später liest Benn in einem Heft der *Corona* 1943 zufällig die Rede von Rudolf Alexander Schröder über Rilke: »Gefiel mir, bitte Schröder einiges ab.«[70] Schröder war ein ständiger Gesprächsgegenstand zwischen Oelze und Benn, und Benn sparte selten mit geringschätzigen Bemerkungen über den Dichter, den er immer nur »Ihren Herrn Schröder« nennt. Er hielt dessen Dichtungen für bieder, wenig einfallsreich, betulich, typisch »Bremer Ästhetik«. Wenn Benn in seinen Schriften auf Oelzes Rat eine Formulierung mildert oder modifiziert, dann nennt er das »bremenisieren«[71]. Dazu gehört auch, dass Benn den »Konformismus« ablehnt, den Oelze in künstlerischen Fragen einnimmt: »Sie sind es, der gegen gewisse Provokationen u. sich immer wiederholende Aggressionen von meiner Seite nach der stilistischen und moralischen Richtung eine unverkennbare Aversion bekunden, die mich beeindruckt; Sie, Verehrter, schätzen meine unakademische, saloppe schnoddrige Art nicht und versuchen mich mehrfach in den

Bremer Ästhetizismus einzuspinnen. Legen Sie die Hand auf Ihr Herz und geben Sie es zu. Ich bin ein Flügel und ein Rüssel in einem Tanz von Mücken an einem der vielen Sommerabende, Sie aber wollen mir ein Haupt anzaubern, das vor Honoratioren und Olympiern bestehn kann – das ich aber leider nicht mein eigen nennen kann.«[72]

Rudolf Alexander Schröder im Jahr 1957

Schröder (1878–1962) wurde in Bremen als Sohn einer Kaufmannsfamilie geboren. Er besuchte das Alte Gymnasium und entwickelte schon in der Schulzeit literarische Neigungen. Seit 1897 studierte er Architektur, Musik und Kunstgeschichte in München. Zusammen mit seinem Vetter Alfred Walter Heymel und in Verbindung mit dem Redakteur Otto Julius Bierbaum gründete er die Zeitschrift *Die Insel*, aus der später der Insel-Verlag erwachsen sollte. 1901 schied Schröder aus der Insel-Redaktion aus und arbeitete, nach Aufenthalten in Paris und Berlin, als Architekt in Bremen; dabei widmete er sich vor allem Interieurs. Er gestaltete etwa die Redaktions-Wohnung der *Insel* sowie einen Teil der Innenausstattung des 1929 in Dienst genommenen Ozeandampfers *Bremen*. 1913 gründete er mit zusammen mit Hugo von Hofmannsthal und Rudolf Borchardt die *Bremer Presse*. 1935 verließ er Bremen und siedelte sich im oberbayerischen Bergen (Chiemgau) an, wo er bis zum Tode 1962 lebte.

Schröder verkörperte eine öffentliche Figur, die auch außerhalb Bremens mehrfach geehrt und gefeiert wurde. Oelze berichtet gleich nach dem Krieg 1946, Schröder sei »zu einem mehrwöchigen Aufenthalt in seine Vaterstadt zurückgekehrt, 68jährig, olympisch, nachdem er das 3. Reich hindurch einschliesslich der Kriegsjahre im bayrischen Bergen [recte Luftkurort Bergen/Chiemgau] gut versorgt war. Er hat einige Vorträge gehalten, einen in irgendeiner Kirche über irgendwas von Schuld und Verantwortung, einen im Rathaussaal (bis vor wenigen Wochen Bierhalle der Amerikaner) über Hamlet u.s.w. Ich habe nichts davon gehört. – Er macht weiter geistliche Gedichte; sein Freund Rudolf Borchardt nannte es ›gereimte Pastorengeschwätzigkeit‹.«[73]

Benn nimmt eine Einladung der Berliner französischen Gesellschaft in Berlin zum Anlass, sich gegen die »bonzenhafte Prominenz« zu wenden, »natürlich vorne ›die Kunst‹ u die Kultur u. dahinter ›auch‹ die ›wirtschaftlichen Verbindungen‹, die mit ihrer Hilfe entstehn. Mir fehlt ja tatsächlich jeder Sinn für Repräsentanz; u. wie es Leute, die doch gar nicht so dumm u. unbeträchtlich sind, wie Thiess u. Schröder entzücken kann, sich gegenseitig zu feiern u. anzustrahlen, ist mir unbegreiflich, sie wissen innerlich doch ganz genau, dass das ein fauler Zauber ist.«[74] Nachdem er seine pessimistischen Ansichten über den Lauf der Welt ausgesprochen hat, erklärt er seine Ästhetik, die der schröderschen so fern läge: »Ein Poem ist ein schwieriges Werk, alles muss in einander verzahnt werden, eine furchtbare An- u Ausgleichsarbeit, bis alles zusammenpasst u stimmt, dazu können auch leere Stellen nötig sein, um eventuell gefülltere stärker hervortreten zu lassen. Man will ja mit einem Gedicht nicht ansprechend sein, gefallen, sondern es soll die Gehirne spannen u. reizen, aufbrechen, durchbluten, schöpferisch machen [...] Womit ich schliesse. Und nun haben wieder die R.A. Schröder's das Wort.«[75]

Zur Feier seines 70. Geburtstages am 26.1.1948 wird Schröder im Bremer Rathaus das Ehrenbürgerrecht der Stadt Bremen verliehen, Oelze berichtet von der Einladung zu der Feier, die in der Oberen Rathaushalle stattfinden soll: »Das Ehrenbürgerrecht im Himmel, das diese Herren sich verdient haben, genügt ihnen nicht; dulce est et decorum, hienieden sich mit markenfreien Festessen ehren zu lassen und in geziemender Bescheidenheit die bestellten Festreden und Kränze, nicht zu vergessen die Ehrensolde, entgegenzunehmen. Nein, diesen Herren ist die Anonymität nicht ans Herz gewachsen; ihre Bescheidenheit stinkt gen Himmel, aber den Menschen ist sie ein Wohlgefallen. Eine geballte Ladung Dynamit unter die alte Rathaushalle vor dem Festakt – oder die Augen niederschlagen. Ich schlage die Augen nieder; es ist geräuschloser.«[76]

Und er berichtet in dem herablassenden Ton, der oft seine Bemerkungen über die Bremer Gesellschaft bestimmt, ausführlich von der Feier: »Die Feier im Rathaus dauerte 1 Stunde und 55 Minuten, 2 unerträglich weitschweifige offizielle Reden, Schröders Antwort, und dann die in diesem Lande unvermeidliche ›Musikumrahmung‹ (Ich erinnerte mich an einen *französischen* Festakt für den 100 Jahre toten Goethe 1932 in der Sorbonne in Paris, wo immerhin Leute wie Valéry sprachen; das Ganze dauerte haarscharfe 50 Minuten, keine Musik, aber der Glanz und der Schwung präziser Worte, und die höchste formale, fast mathematische Genauigkeit über dem Ganzen. Aber das lernt sich nicht). Nach diesem Rathausfestakt fand ein Essen statt, – Fisch und Pudding mit Süssstoff –, eine Stunde später ein Empfang im Gästehaus des Senats, – einer ehemaligen Kapitalistenvilla an der Parkallee –, wo weitere Reden gehalten und Geschenke überreicht wurden: 50 Flaschen Bordeaux vom Bremer Weinimporteurverband, eine goldverzierte Pergamentkassette mit Dutzenden von Adressen und Apostrophen deutscher Geistesheroen, ein in braunes Packpapier eingeschlagener Anzug vom Vorstand des Kunstvereins, und ein Teller mit Pralinés, gestiftet von weiblichen Bewundrern, den der Jubilar während der Dauer des Empfanges besorgt in der linken Hand hielt, obwohl das Ganze von 6 in krimsonfarbige Fräcke gekleideten Ratsdienern bewacht wurde. Das anschließende dinner bestand nochmals aus Fisch, wegen der Seestadt, und es wurden nochmals Reden gehalten, die den Erschöpfungszustand aller Anwesenden endlich in der Form krampfhafter Grimassen offen in Erscheinung treten liessen. – So also sieht der Ruhm unter Zeitgenossen im Jahre 48 aus der Nähe aus.«[77]

Benn lobt in seiner Antwort Oelzes Schilderung und fährt fort: »Hoffentlich sind Sie auf dem Rückweg nicht aus Erschöpfung u. zum Abreagieren in die Helenenstrasse abgeirrt«.[78] Er meint eine bekannte Querstraße im Steintorviertel, die vom Bürgersteig nur durch eine schmale Öffnung in einer abgrenzenden Mauer betreten werden konnte und ausschließlich Bordelle beherbergte: Sie besteht noch heute. In einer solchen Bemerkung kommt Benns Taktik der Abwertung öffentlicher Huldigungen voll zur Geltung, er war sich mit Oelze wieder einmal einig. Im Juli 1949 heißt es dann allerdings: »Die Dichterin, die Ihr Herr R. A. Sch. im letzten Heft des ›Merkur‹ startet, kann uns, glaube ich, nicht viel bieten.«[79] Schröder hatte in einem Artikel mit dem Titel *Eine neue Dichterin* auf das Werk von Inge Westphal hingewiesen, das der Piper-Verlag mit drei unter dem Titel *Dionysos* zusammengefassten Stücken vorstellte, und geschrieben: »Das Ganze könnte man nach französischer Nomenklatur ein ›proverbe‹ nennen. Auch das Fehlen des transzendenten Moments in einer Sphäre rein irdischer Gefangenheiten weist in die Richtung. In der Beklommenheit eines in sich selbst verschlossenen Frühlings voll zehrender Düfte und tauber Blüten begegnet hier das Todesmotiv: Aphrodite ist ja auch Todesdämon.«[80]

Kein Wunder, dass Benn an dem überschwänglichen Lob nichts Erträgliches findet. Und als Oelze die Schrift von Theodor Plivier *Eine deutsche Novelle* erwähnt, »in der Bremen und seine Gesellschaft der Gegenstand neuer literarischer Anpöbelungen geworden seien«, merkt Benn an, er würde, wenn er die Wahl hätte zwischen Plivier und Schröder, »wohl doch den letzteren bevorzugen.«[81]

Auch in den Erinnerungen von Pauli spielt Schröder eine wichtige Rolle. Dieser war der bremische Vetter des sehr begüterten Alfred Heymel, der in der Nähe Bremens einen Landsitz erwarb, dessen Haus von Schröder umgebaut und eingerichtet wurde. Heymel starb früh, »sein Gefährte und Vetter Rudolf Alexander Schröder, ihm an Begabung, kritischem Urteil und ernstem Wollen weit überlegen, hatte ihn wohl zu manchem Guten veranlassen können, aber den Unbändigen zu lenken, war auch ihm nicht gelungen.«[82]

Benn findet in den Erinnerungen Paulis »auch Ihren oftgenannten R.A.Schröder genügend dargestellt«[83], was in der Tat der Fall ist. Pauli schließt mit der Bemerkung: »Schröder, einer unserer edelsten Dichter, dessen Genius auch in bildender Kunst und Musik sich betätigt, bildete den Mittelpunkt unseres Kreises. Er gehört zu der kleinen Schar jener, denen in der Zeit einer alles erschütternden Krisis die Mission zugefallen ist, Hüter und Träger unserer höchsten Geistesgüter zu sein.«[84]

Ein paar Jahre vor dem ersten Weltkrieg schrieb Schröder seine *Deutschen Oden*, Pauli nennt sie »die reiffsten! Früchte einer Begabung, die früh entfaltet, Jahr um Jahr sich mühelos verschenkte, bis sie allmählich sich klärte und in strenger Selbstzucht das Ziel der ihr vom Schicksal gewährten reinen Höhe erreichte.« Benn war dieser Schmus natürlich zuwider, »ich habe für die zitierte *Deutsche Ode* nicht viel Sinn, da ist das kleine Gedicht an Adele Wolde netter, das Pauli an anderer Stelle zitiert«[85]:

> Mir ist, als ob mir ein Etwas fehle,
> Und wenn ich es denke, so weiß ich's nicht;
> Als spräche der Traum zum Traum: »O Seele,
> O Seele süße, süßes Gesicht.«
>
> Denn es ist nicht, daß ich's nicht hätte,
> Nicht, daß mir's über Tag gebricht.
> Ist nur im Traum eine leere Stätte,
> Ist nur ein Schatte: dort war Licht.
>
> Nicht, daß mich's ängstige, daß mich's quäle:
> Und doch, ich sinn und ersinn es nicht,
> Daß mir dein Gruß und dein Lächeln fehle,
> Süße Seele, süßes Gesicht.[86]

Das Haus von Johann Georg Wolde spielte im bremischen Kunstleben der Vorkriegszeit eine besonders anziehende Rolle. Er heiratete die Tochter Adele Mathilde des Bremer Kaufmanns Ludwig Knoop (1821–1894), der ein riesiges Wirtschaftsimperium aufgebaut hatte, das sich vor allem auf die Textilindustrie stützte. Die Brüder Johann Georg und Heinrich August leiteten viele Jahre lang das Bankhaus der Familie, bis sie es 1904 an die Berliner *Disconto-Gesellschaft* verkauften.[87]

Ein Jahr vorher erwarb Johann Georg ein klassizistisches Haus mit großem Gartengrundstück an der Contrescarpe 22/23. Es ist heute der Sitz des Innensenators. Er ließ das Gebäude von Schröder erweitern und übertrug diesem auch die Innengestaltung. Berühmt wurde der lavendelfarbige Musiksalon, in dem die Woldes große Gesellschaften gaben und wo sich auch der kunstliebende Bremer Kreis *Die Goldene Wolke* traf, zu

Die *Wallanlagen* gingen aus den bis zum 17. Jahrhundert erbauten Befestigungsanlagen hervor (1802–1811). Erst danach konnte Am Wall und der Contrescarpe gebaut werden. Letztere gehörte nicht zur Altstadt von Bremen und erst 1849 wurde die „Torsperre" aufgehoben und die Vorstadtbürger erhielten das gleiche Bürgerrecht wie die Altstädter.

Contrescarpe 22/24 – Bereits 1822 baute der Kaufmann und Ältermann Theodor Gerhard Lürman für sich das Haus als eingeschossiges, klassizistisches Sommerhaus nach Plänen von Jacob Ephraim Polzin. Ein Portikus mit dorischen Säulen gab ihm die repräsentative Note. Bis 1855 bestand auf dem Walmdach noch eine Plattform für einen Rundblick über die Ackerfläche im Norden. Th. G. Lürman, auch Mitglied des Kunstvereins, war Gemäldesammler. Maurermeister Lüder Rutenberg baute 1853 deshalb für Lürman neben der Villa ein Galeriegebäude, das Gartenhaus, das 1942 stark zerstört wurde. 1963–65 erfolgte hier und auf dem benachbarten Smidtschen Grundstück der dreigeschossige Neubau für den Innensenator. Die zwei Karyatiden, die einst das Galeriegebäude zierten, wurden vor dem Haupthaus aufgestellt. Der zweigeschossige Umbau der Villa erfolgte 1866 für den Sohn des Erbauers. 1904 wurde das Contrescarpe 22 von dem Bankier J. G. Wolde (1845–1911) erbaut. Rudolf Alexander Schröder gestaltete das Innere. Hinter dem nicht mehr vorhandenen Eingang entstand die zentrale Eingangshalle. Im Gartensaal hinter dem Portikus wurde 1993 die Ausmalung Schröders wieder hergestellt. Die Marmor- und Parkettfußböden, ein Teil der Türen, die Holzverkleidung mit einem Teil der Bücherschränke in der ehemaligen Bibliothek, der Kamin sowie Tür- und Fenstergriffe sind von der Schröderschen Ausstattung noch vorhanden. Ab 1911 wechselte das Haus mehrmals den Besitzer. 1923 übernahm es der Kaufmann Thomas Smidt, New York, 1925 die Ehefrau des Generaldirektors des Norddeutschen Lloyds Carl Stimming und 1932 der Norddeutsche Lloyd für mehrere Mieter aus der Reederei. 1939 erwarb die Stadt Bremen das Gebäude. Das um 1942/44 nur leicht beschädigte Haus war ab 1949 der Sitz des Senators für politische Befreiung und von 1950 bis 1954 der des Senators für das Bauwesen. Seit 1954 arbeitet in dem Gebäude der Senator für das Innere.

Rechts – neben der Nr. 22 – baute 1866 der Jurist, Kaufmann und Konsul Stephan August Lürman (1820–1902), Sohn von Theodor Gerhard Lürman, an der Ecke Contrescarpe/Meinkenstraße die zweigeschossige Villa nach Plänen von Heinrich Müller. Später war hier die Import- und Exporthandlung Lohmann und Co angesiedelt. Heute (2014) dient das Gebäude einer über 150 Jahre alten Anwaltskanzlei, bei der auch Bundespräsident Karl Carstens sowie Senatoren und Bürgermeister Bremens Sozius waren. [Auszug Wikipedia; auffällig, dass die Erwähnung Oelzes überall fehlt.]

Schröders Innengestaltung des woldeschen Hauses

dem Schröder, Heymel und Pauli gehörten. Pauli beschreibt die vierzehntägig jeweils in einem Haus der Freunde stattfindenden Zusammenkünfte. Der Kreis pflegte Beziehungen zu Künstlern und Schriftstellern auch weit über Bremen hinaus. Harry Graf Kessler, Rudolf Borchardt, Graf Keyserling und Hugo von Hofmannsthal kamen regelmäßig zu Besuch. Schröders Schwester, Lina Voigt, sang Lieder von Mozart, man führte von Hofmannsthal *Der Tor und der Tod* auf, vor schwarzverhängtem Hintergrund gab die Freundesgruppe spanische Tänze zum Besten und lebende Bilder.

Pauli fasst mit Rücksicht auf den Lebensstil der gehobenen Bremer Gesellschaft zusammen: »Das Ganze bildete ein vollendetes Muster vornehmer bürgerlicher Häuslichkeit, nicht prunkvoll prahlend, aber mit diskretem Geschmack äußerst gepflegt, dem Charakter und den Liebhabereien seiner Bewohner angepaßt. Die Seele des Hauses war Frau Adele Wolde.«[88]

Das Ehepaar Wolde trug privat eine Bildersammlung zusammen, die durch Werke von Delacroix, Courbet, Corot, Renoir und Liebermann geprägt war. Es unterstützte die Arbeit Paulis, der als Direktor der Kunsthalle der Sammlung des Kunstvereins ein neues, modernes Profil verleihen wollte und dabei die Kunst des französischen und deutschen Impressionismus hervorhob.

Am 16. November 1913 wirkte Oelze als Statist an einer Privataufführung der Oper *Echo und Narziss* von Christoph Willibald Gluck mit, Schröder sprach den Text und schrieb einen Prolog, den Oelze fast vierzig Jahre später in der gedruckten Fassung an Benn schickte.[89] Benns Kommentar: »Gefiel mir sehr, war sprachlich hübsch.«[90]

Adele Wolde (Gemälde von Max Liebermann)

Dieses lapidare Urteil wird schon im nächsten Satz weiter eingeschränkt: »Seine Nationalhymne weniger – der nächste Schritt wäre dann ein Kaninchenfell als Reichsflagge.« Benn spielt auf die Absicht von Bundespräsident Theodor Heuss an, anstelle des Deutschlandlieds eine Hymne von Schröder, *Land des Glaubens, deutsches Land*, als Nationalhymne zu wählen. Die Absicht scheiterte im Mai 1951 am Widerstand von Bundeskanzler Konrad Adenauer. Benn hat diese Einschätzung in sein unveröffentlicht gebliebenes Gedicht *Kleiner Kulturspiegel* von 1951 eingebaut:

> Und nun die neue Nationalhymne!
> Der Text ganz ansprechend, vielleicht etwas marklos,
> der nächste Schritt wäre dann
> ein Kaninchenfell als Reichsflagge.[91]

Die persönliche Bekanntschaft Schröders macht Benn zum ersten Mal am 15. Juli 1951. Der Bremer ist aus Anlass des Kirchentages in Berlin. Benn hört von seinen Vorträgen, lässt sich nicht lumpen und schickt ihm einen Rosenstrauß in einen der Gemeindesäle, in denen er liest, Schröder besucht ihn in der Bozener Straße.

Benn gibt Oelze eine ausdrucksvolle, lebendige Beschreibung von dem Zusammentreffen: »Ich hatte ihn mir nicht so schwerfällig, alt, massig, unbeweglich vorgestellt. Aber allerdings manchmal denkt man plötzlich, dass er sich das Fett, das Alter u das Greisentum nur überhängt u. dass darunter ein ganz verschmitzter u gerissener Bauernjunge steckt. Auch die Brasilzigarre war da u dann sieht er ja wie Churchill aus, – aber, wie gesagt, er hat mir gut gefallen. Er fährt von hier nach Bremen u wird Ihnen wohl unsere Grüsse überbringen.«[92]

Schröder ist auch unter den Gästen, als Benn im Oktober 1951 den Büchner-Preis der Deutschen Akademie für Sprache und Dichtung in Darmstadt entgegennimmt. Und im Juli 1953 bittet der Bremer Senator für das Bildungswesen Benn in einem Brief, in das Preisrichterkollegium des Rudolf Alexander Schröder-Literaturpreises einzutreten: Benn lehnt ab.

Das Verhältnis zu Schröder endet in Bitterkeit auf Seiten Benns. In dem letzten Brief, den Benn vor seinem Tode aus Berlin am 28. Mai 1956 an Oelze schreibt, spricht er von den qualvollen Schmerzen, die er mit Drogen bekämpft, sodass er Angst hat, süchtig zu werden: »Kämpfe um mein Leben, bin ganz desolat.« Er kündigt seine Reise nach Schlangenbad zur Kur an und beklagt dann ganz unvermittelt, ohne seinen siebzigsten Geburtstag am 2. Mai erwähnt zu haben: »Herr Schröder hat mir natürlich nicht gratuliert, wie könnte er, so ein grosser Mann!«[93]

10 *Eine deutsche Novelle*

Am 22.1.1948 hatte Benn gegenüber Oelze erwähnt: Hätte er die Wahl zwischen Theodor Plivier und Rudolf Alexander Schröder, dann würde er Schröder bevorzugen. Benn antwortete mit dieser Wahl auf einen erregten Brief Oelzes vom Januar 1948, in dem er gegen den Schriftsteller Theodor Plivier wetterte, der nach dem Kriege durch seinen Roman *Stalingrad*, erschienen im Aufbau Verlag Berlin 1945, bekannt wurde.

In einer kurzen Erzählung nimmt er zwei Jahre später die Bremer Gesellschaft aufs Korn. »Bremen und seine ›Gesellschaft‹«, schreibt Oelze, »sind der Gegenstand neuer literarischer Anpöbelungen geworden; diesmal ist es Herr Plivier (der Stalingrad-Journalist), und sein Produkt heisst ›Eine deutsche Novelle‹ Das ist der fünfte Fall, daß Bremen und gewisse seiner Bewohner ungebührlichen Ruhm erlangen; mit dem dreibändigen ›Prinz Kuckuck‹ von Otto Julius Bierbaum begann es um 1908.«[93]

Titelblatt der *deutschen Novelle*

Plivier berichtet von Erinnerungen der Hauptfigur Lommer an den Matrosenaufstand im November 1918 in Kiel und den SA-Aufmärschen 1933. Lommer hatte in Kiel auf Befehl in die demonstrierende Menge geschossen und eine Frau getötet. Mit diesem Ereignis wurde er nicht fertig und legt in einem Gespräch mit dem Erzähler, der ein Buch über den Aufstand geschrieben hat, ein umfassendes Geständnis ab, aus dem der Inhalt der Erzählung besteht. Die Bremer Gesellschaft kommt durch den »Bremer« ins Spiel, der zusammen mit Lommer in die demonstrierende Menge gefeuert hatte. Man trifft sich nach mehr als einem Jahrzehnt wieder und tauscht Erinnerungen an die Ereignisse des 3. November in Kiel aus. Lommer ist Mitglied der NSDAP, das »Bremische« verkörpert sich für ihn im Handel: »Ich komme auf Indigo weil es eine der Goldquellen Bremens war. Sie wissen, Indigo, Reis, Tabak nicht zu vergessen, und Baumwolle natürlich, in Bremen ist alles Baumwolle! Die Rickmers haben's mit Reis gemacht. Aber nicht allein Rickmers; auch Hackfeldt, Firma Hackfeldt-Pflüger, gibt einen Begriff. Hackfeldt – das ist heute Tabak, etwas Baumwolle, Bankgeschäft. Aber um Bremen zu verstehen, müssen wir uns den schon seit anno 1632 in Bremen befindlichen Herrn Roselius genauer betrachten. Seine Worte, er gibt alljährlich für 7–12 Millionen Mark von sich, lassen wir aus dem Spiel. Aber ihn ansehen, sein Gesicht; ja, da kann man nur sagen: eine Schnauze, eine vollbackige, brutale Schnauze! In diesem Sproß einer alten, protestantischen Pastorenfamilie haben Sie einen lebendigen Menschenfresser vor sich. Und da ist alles: Kaffee, Politik, Frauen, Schiffswerft, Baumwolle, natürlich Spionage, Amerikafeind, Kunstmäcen. Aber wenn ich Kaffee sage, ist es Kaffee Hag, und er holt die Millionen aus dem Koffein, das er dem Kaffee entzieht. Und wenn ich Amerikafeind sage, gründet er die Bremen-Amerika-Bank und spricht von Herz zu Herz mit seinem Freund Henry Ford über die Judenfrage.«[95] In diesem Ton wird über die Hackfeldt-Dynastie hergezogen, über die Rickmers, »die nach unten heirateten. Die Knoops haben einen leichten Stich, sind schon zu sehr London und New York schon international versippt.« Der Erzähler wird an dieser Stelle unterbrochen und nimmt den Faden über die Bremer Familien und die wirtschaftliche Situation der Hansestadt wieder auf: »Kürzer habe ich es nicht machen können. Sie sehen jetzt, die

Kulenkampffs, die Knoops ... eine Stufe tiefer die Rickmers und die Baumwoll- und die Tabakleute. Was dann noch bleibt, das ist der Bremer Lloyd, und das ist ganz Bremen, da gibt es keine Familie, die nicht Aktien vom Lloyd hätte. Und unterhalb der Besitzer von größeren oder kleineren Lloydaktienpaketen gibt es nichts mehr in Bremen. Da ist es dunkel, und ohne Gesicht und Schicksal, das wahrzunehmen wäre. In der Neustadt und im Freihafengebiet die Packhäuser und Eisengießereien, die Reismühlen, Maschinenfabriken, Petroleumraffinerien und Spinnereien, in der Südervorstadt die Tabakarbeiterinnen und Jutespinnerinnen, und der Hafen mit Silos und Speichern und modernen Löscheinrichtungen und die Werft mit ihrer Arbeiterbewegung, ja, da beginnt schon das Schlachtfeld. Und das Schlachtfeld, nun das reicht weit, es reicht so weit, wie der Bremer Lloyd nämlich. Nun habe ich schon gesagt, daß Bremen seine Zeit hinter sich hat. Und Sie können sich darauf verlassen, da haben auch wir, unsere Partei meine ich, Fische gefangen. Unsere Mitgliederlisten schwollen an, wir hätten Säcke damit anfüllen und eine ganze Anzahl Quadratmeter in einem der leeren Packhäuser damit belegen können. Selbstverständlich müssen die Löhne gesenkt werden, auch die Juden sind schuld, in Bremen haben wir indessen kaum welche. Meine Schwiegermutter hörte ich einmal vor dem Bild des Führers sagen (das war Scherz, doch auch darin spiegelt sich der Zustand): Wenn ich noch einmal ein Kind haben wollte, dann nur von dem! Nun, Sie verstehen, diese Schicht haben wir im Sack, auch die Robusteren unter ihnen. Und von ihnen ist gar nicht zu reden, soweit es auf Initiative und Pionierarbeit ankommt. Aber ihre Söhne sind es. Sie wissen also, daß die bremische traditionsbewußte Jugend bei uns ist. Und da wäre es unrichtig, zu verschweigen, daß die alten seriösen Handelsherren, die den Reichtum, die

Vornehmheit und die Macht Bremens repräsentierende Gesellschaft nicht bei uns steht. Der Bremer Kaufmann und Propaganda, das allein sind schon Verschiedenheiten.«[96]

Für Oelze muss Pliviers Gerede über die alten Bremer Familien besonders abstoßend gewesen sein, weil er Ludwig Roselius (1874–1943) zu Recht als einen großen Sohn der Hansestadt ansah, der Respekt verdient hatte. Die Forderung Pliviers (»In unserem Führer Adolf Hitler erkennen wir einen von Gott dem deutschen Volk Gesandten ... Das ganze deutsche Volk muß nationalsozialistisch werden!«) kannte er vielleicht nicht.[97] Roselius war Mitglied der nationalsozialistischen Akademie für Deutsches Recht und förderndes Mitglied der SS.

Ludwig Roselius, um 1925

Oelze wartet am 28. Januar 1948 mit einer überraschenden Pointe, die Plivier-Broschüre betreffend, auf: »Natürlich läge es mir, auch wenn ich nicht Bremer wäre, fern, den schmierigen Herrn Plivier mit dem Übersetzer des Horaz und der Ilias und der ›Zwillingsbrüder‹-Sonette [R. A. Schröder] auch nur in grammatikalische Nähe zu bringen. Indessen hat Herr Pl. auch *sein* Ziel erreicht: die schwerstbeschimpften Familien haben ihm den Gefallen erwiesen, gegen ihn Strafanzeige wegen verleumderischer Beleidigung zu erstatten.«[98]

Ludwig Roselius stirbt 1943 mit 69 Jahren. Benn drückt sein Beileid zu dessen Tod aus und antwortet auf Oelzes Nachricht: »Was Sie über Roselius schreiben, ist mir nicht unangenehm. Die Kunst als Reklame für Café Haag ist eine klare Sache.«[99]

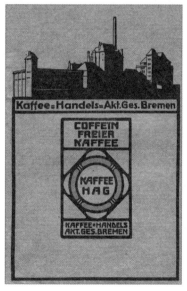

Werbung von Kaffee HAG

11 Kriegsende

Am 18. Oktober 1944 wurde Hitlers Erlass zur Einberufung »aller waffenfähigen Männer im Alter von 16 bis 60 Jahren zum Deutschen Volkssturm« verkündet: »Dem uns bekannten totalen Vernichtungswillen unserer jüdisch-internationalen Feinde setzen wir den totalen Einsatz aller deutschen Menschen entgegen.« In Bremen wurde der Volkssturm im Glockensaal vereidigt.

Die militärische Verteidigung war in Bremen ebenso unzureichend wie die Luftabwehr. Der Volkssturm kam nur mit einem Bruchteil seiner Sollstärke zum Einsatz; am Ende waren es vielleicht 6.000 Soldaten, die zur Verteidigung der Hansestadt aufgeboten wurden. Panzer gab es so gut wie keine, und die Artillerie bestand aus Flakgeschützen, die provisorisch für den Endkampf umgerüstet worden waren.

Am 8. April 1945 hörte man in Bremen zum ersten Mal die britische Artillerie, die sich in Thedinghausen eingenistet hatte. Ei-

Deutscher Volkssturm
Gau 37 - Kreis Bremen
Batl. 37/

Bremen, den

Nr. Ruf Nr. Str.

Einberufungsbefehl

1. Sie werden hierdurch zum aktiven Wehrmachtseinsatz in Bremen einberufen und haben sich am _____ um _____ Uhr in Bremen _____ zu melden.
2. Dauer der Einberufung:
3. Dieser Einberufungsbefehl ist sofort Ihrem Betriebsführer vorzulegen, der nicht berechtigt ist, Ihnen denselben abzunehmen.
4. Bei unentschuldigtem Fernbleiben werden Sie nach den bestehenden Gesetzen bestraft.
5. Die umstehenden Anordnungen sind genauestens zu beachten.
6. Verpflegung wird von der Wehrmacht gestellt.
7. Übernachtung erfolgt in Ihrer Wohnung.

Der Führer des Batl. 37/

(Bataillonsführer)

Bremer Einberufungsbefehl

nen Tag später gab es die ersten Einschläge im Stadtgebiet. Die Engländer arbeiteten sich rechts und links der Weser nach Norden vor. Granaten mit Flugblättern gingen auf Bremen nieder: Innerhalb von 24 Stunden sollte die Kapitulation eingereicht werden. Die Forderung war dann Gegenstand einer Senatssitzung am folgenden Tag, man konnte sich jedoch nicht einigen.

Nach Ablauf des Ultimatums gab es noch einmal schwere Bombenangriffe auf die östlichen Vororte der Stadt, bei denen das Elektrizitätswerk und einige Fabrikanlagen zerstört wurden. In der Nacht vom 24. auf den 25. April überquerten Schwimmpanzer die gefluteten Ochtum-Niederungen und arbeiteten sich am folgenden Tag bis zur Neustadt vor. Gleichzeitig setzten sich weitere Einheiten von Mahndorf aus über Sebaldsbrück in Richtung Schwachhausen in Bewegung.

> **IHR HABT DIE WAHL!**
>
> Die britische Armee steht vor Bremen. Unterstützt von der britischen Luftwaffe ist sie im Begriffe, die Stadt einzunehmen. – Zwei Möglichkeiten der Einnahme bestehen:
>
> **entweder**
>
> unter Einsatz sämtlicher dem Heer und der Luftwaffe zur Verfügung stehenden Mittel. Ihr habt nichts, womit Ihr auf die Dauer widerstehen könnt
>
> **oder**
>
> durch die Besetzung der Stadt nach bedingungsloser Uebergabe.
>
> **Ihr habt die Wahl**
>
> zwischen diesen zwei Möglichkeiten.
>
> **Auf Euch lastet die Verantwortung**
>
> für den daraus entstehenden unnötigen Blutverlust, falls Ihr den ersten Weg wählt.
>
> **Andernfalls**
>
> schickt einen Unterhändler unter dem Schutze der weißen Fahne in die britischen Stellungen.
>
> Wir geben Euch 24 Stunden Zeit zur Entscheidung.

Ultimatum der britischen Armee

Die Bevölkerung verbrachte die letzten Tages des Krieges wegen des Artilleriefeuers in den Bunkern, in denen die Zustände bald unbeschreiblich waren. Die Schwungräder der Belüftungsanlagen mussten von Hand gedreht werden, weil durch die Bombardierung des Elektrizitätswerks der Strom ausgefallen war. In den oberen Stockwerken der Hochbunker stiegen die Temperaturen bis auf 50 Grad Celsius. Panik machte sich breit, es gab Nervenzusammenbrüche, Ohnmachtsanfälle und auch einige Tote.

Bunker in Bremen

Am 26. April 1945 wurde die Stadt von britischen Truppen besetzt. Gegen 22 Uhr stürmten sie den Kommandobunker des Kampfkommandanten von Bremen, Generalleutnant Fritz Becker, gegenüber der Emmastraße. 220 Soldaten und 540 Zivilisten kamen in diesem sinnlosen Endkampf noch um.

Einen Tag später begann um 11 Uhr offiziell die Besatzungszeit. Im ersten Brief der Nachkriegszeit an Oelze vom 7. November 1945 thematisiert Benn das Besatzungsproblem Bremens: »Bremen soll ja wohl nach unseren Zeitungsnotizen englisch werden.«[100] Das stimmte jedoch zu diesem Zeitpunkt nur bedingt.

Bereits während des Krieges hatten sich die Alliierten Gedanken über die territoriale Neugliederung Deutschlands gemacht. Ein Anfang 1944 vorgelegter Entwurf blieb jedoch strittig. Amerikaner und Engländer konnten sich nicht über den Nordwesten Deutschlands einigen, den der Entwurf den Briten zuwies, der jedoch von den Amerikanern für die Rückführung ihrer Truppen beansprucht wurde. Schließlich einigte man sich darauf, den Amerikanern die Häfen Bremen und Bremerhaven zu überlassen sowie ein bestimmtes Gebiet in der Nachbarschaft beider Häfen. Der Vorschlag fand die Billigung Roosevelts und Churchills, die Geburtsstunde der späteren *Enklave Bremen* hatte geschlagen. Sie sollte vollständig unter amerikanischer Kontrolle stehen, jedoch nicht Teil der amerikanischen Zone werden, sondern von der Militärregierung entsprechend den Grundlinien der Politik der britischen Zone geführt werden.

Zunächst entstand ein verwaltungsmäßiges Chaos, weil der Landkreis Wesermarsch Teil des Landes Oldenburg war, Stadt und Landkreis Wesermünde sowie der Landkreis Osterholz-Scharmbeck jedoch zum ehemals preußischen Regierungsbezirk Stade der Provinz Hannover gehörten: Die Enklave erwies sich in der geplanten Form schnell als unregierbar. Am 10. Dezember 1945 einigten sich Engländer und Amerikaner: Die Militärregierung wurde mit den Ausnahmen von Bremen-Stadt und Stadt Bremerhaven an die Briten übergeben. Die Verwaltung der Weser und der Unterweserhäfen blieb unter amerikanischer Kontrolle.

Die eigenartige Situation Bremens zwischen britischer und amerikanischer Besatzungspolitik blieb jedoch bestehen, obwohl sich die Amerikaner verschiedentlich für die Selbstständigkeit Bremens aussprachen. Erst am 4. Oktober 1946 erklärte der Chef der Bremer Militärregierung, der amerikanische Colonel Gordon Browning, anlässlich der Bremer Interzonenkonferenz, dass Bremen als reichsunmittelbare Hansestadt erhalten bleiben würde.[101] Noch wurde über den Umfang der Enklave beraten, der Stadtkreis Wesermünde votierte am 11. Dezember 1946 in einer Denkschrift an die amerikanische Regierung für das Ausscheiden aus Niedersachsen und für den Anschluss an Bremen. Damit stand der Wiederbegründung des Landes Bremen nichts mehr im Wege. In einem britisch-amerikanischen Abkommen über die Zuständigkeit der Militärregierung im Land Bremen heißt es: »Das Land Bremen wird bestehen aus dem Gebiet der Stadt Bremen, Landgebiet Bremen und Stadtkreis Wesermünde, und soll sich aus zwei Stadtgemeinden, nämlich der Freien Hansestadt Bremen und dem Stadtkreis Wesermünde einschl. Bremerhaven, zusammensetzen.«[102]

Die Briten hatten die Stadt erobert, die Amerikaner wurden jedoch Besatzungsmacht.[103] Die eigentliche Lage muss aber für längere Zeit unklar geblieben sein, denn Oelze schreibt noch am 13. Mai 1946 an Benn: »Niemand weiss genau, ob wir noch *U.S. Enclave* oder *British Zone* sind, offenbar beides. Die Amerikaner wohnen noch immer in unseren schönsten Villen und nennen Bremen G.I.'s-Paradise, das Paradies des amerikanischen Soldaten. Wäre Bremen nicht der große Einfuhrhafen für die ganze amerik. Zone (Süddeutschland), würde hier schon der Efeu um die Trümmer der Schiffswerften sich ranken.«[104]

Oelze war nicht sehr für die Amerikaner eingenommen, er zog die britische Lebensart vor, mit der er ja auch bei seinen Aufenthalten in England die besten Erfahrungen gemacht hatte. Schon dass die Amerikaner seine Villa in der Horner Heerstraße verwahrlosen ließen, nahm ihn nicht für sie ein. »Zudem ist eine amerikanische Familie in einem kleinen, modernen Haus der Villa Ichon auf Sichtweite nahegerückt.« Oelzes Vorurteile werden deutlich, wenn er Benn mitteilt: »Sonntag nachmittag: ein transozeanischer Saxophonspieler, Flaschen klirren, Gelächter und die Kaugummilaute dieser seltsamen Sprache klingen herüber auf die Terrasse.«[105] Oelze hätte natürlich lieber eine gepflegte Unterhaltung in britischem Englisch gehört, er sieht sich in seiner beschaulichen Sonntagsruhe durch das ungebildete Volk gestört, wobei »transozeanisch« nur eine vornehme Bezeichnung für »Neger« ist.

Die Versorgung der verwüsteten Stadt mit Lebensmitteln war eine der wichtigsten Aufgaben, die in den ersten Wochen und Monaten gelöst werden mussten. Die Organisation wurde einem von den Briten kontrollierten »Zentralamt für Ernährung und Landwirtschaft« unterstellt, Lebensmittel wurden vorerst weiterhin gegen Marken ausgegeben, wobei man die Zuteilungsperioden aus der Kriegszeit einfach weiterzählte.

In der Praxis hatte die Ernährung der Bevölkerung ein zweites Standbein, das aus Selbstversorgung, Hamsterfahrten und Schwarzmarkt bestand. Die amerikanischen Soldaten zweigten Lebensmittel aus Armeebeständen ab und tauschten sie gegen Wertsachen aller Art. So etablierten sich die verschiedenen Formen des »Organisierens« am Rande der Illegalität. Mundpropaganda verriet, wo noch etwas zu holen war. Wurde man erwischt, gab es zumeist eine Geldstrafe, die achselzuckend hingenommen wurde. Der Schwarzmarkt blühte sowieso kaum im Verborgenen. Die Straßenbahnschaffner machten sich einen Spaß daraus, am Bahnhof die Haltestelle »Schwarzmarktzentrum Hauptbahnhof« auszurufen

Neben Nahrung fehlte es vor allem an Wohnraum, 61 Prozent der Wohnfläche war zerstört. Auch wurden die Einwohner Bre-

Der Schwarzmarkt am Bremer Hauptbahnhof

mens durch die Rückkehr der ausquartierten Familien, durch Kriegsheimkehrer und mehr als 30.000 Flüchtlinge vermehrt. Die Wohnungen reparierte man notdürftig und provisorisch mit getauschten Baumaterialien, Dächer wurden mit Ölpapier abgedichtet und Fenster vernagelt. In den Straßen lagen 7,4 Millionen Kubikmeter Schutt, die Hafenbecken steckten voller Schiffwracks, von 240 Kränen waren gerade noch zwölf intakt. Gartenlauben in Kleingarten-Parzellen wurden zum ständigen Aufenthalt, der Volksmund nannte sie »Kaisenhäuser« nach Bürgermeister Wilhelm Kaisen, der den Bau kleiner Wohnhäuser in den Kleingartengebieten erlaubte. »Es überraschte mich, dass so ein Wohnhaus innerhalb eines Wochenendes fertiggestellt wurde«, schreibt die Bremer Historikerin Kirsten Tiedemann.[106]

Mehr als ein halbes Jahr blieben die beiden Freunde ohne Nachricht voneinander, den ersten Brief, den Benn von Oelze erhielt, stammte vom 30. Oktober 1945. Benns Frau hatte sich in Neuhaus/Elbe das Leben genommen, Benn selbst spielt mit dem Gedanken, Berlin für immer zu verlassen: »Eine Praxis in einem Dorf wäre das Gegebene.«[107]

Oelze ist in der Zwischenzeit nach Oberneuland gezogen und Benn fragt: »Wie ist die neue Wohnung? Wieviel Räume hat man Ihnen zugewiesen? Und wer sitzt in Ihrem Haus in der Horner Strasse? Bremen soll ja wohl nach unseren Zeitungsnotizen jetzt englisch werden.«

Ein weiterer Brief erreicht Benn erst drei Wochen später. Das Schreiben Oelzes wurde in Göttingen am 29. Oktober 1945 abgestempelt und landete erst am 8. November in seinem Briefkasten. Benn erkundigt sich in seiner Antwort nochmals nach Oelzes Unterkunft und fragt, ob er eine möblierte Wohnung zugewiesen bekommen habe oder ob es ihm gelungen sei, die Möbel aus Horn mitzunehmen. Bei ihm sei es so kalt, dass er keine langen Briefe mehr schreiben könne: »Wie ist es bei Ihnen, haben Sie Öfen u. Holz? Wie weit ist Oberneuland von Bremen City ab, ich frage, für den Fall, dass ein Zufallsbote doch vielleicht von hier nach Bremen führe u Sie aufsuchte, um Sie von den Blättern zu befreien.«[108] Benn spielt auf seine seit 1936 entstandenen, unveröffentlichten Manuskripte an, die er während der Kriegsjahre zur Verwahrung an Oelze gesandt hatte. Dieser schrieb ihm am 30. Oktober 1945: »Sodann teile ich Ihnen mit, daß Ihre Manuskripte sich, von keiner Hand ausser meiner berührt, in meinem Besitz (hier in Oberneuland, wo wir jetzt nach Beschlagnahme unseres Hauses in Bremen-Horn durch die Amerikaner wohnen) befinden, und daß sie während der kritischen Apriltage und dann bis Anfang September bei Clara Rilke in Fischerhude verwahrt waren, wohin ich sie persönlich kurz vor Beginn der Schlacht um Bremen gebracht hatte in der Voraussicht, daß die Manen des Schöpfers der Duineser Elegien ihnen ein besserer Schutz sein würden als ein Hochbunker oder ein Stahltresor.«[109]

Die Villa in der Horner Heerstraße 70, in der das Ehepaar Oelze wohnte, war unbeschädigt geblieben, für die Amerikaner eine willkommene Gelegenheit, sich in dem geräumigen Gebäude mit ihrer Verwaltung einzurichten: Sie beschlagnahmten das Haus kurzerhand im Mai 1945.

Oelzes mussten sich eine neue Unterkunft suchen. In dieser Notsituation kam Ihnen Freund Ichon zu Hilfe: Seit 1944 wohnte der Rechtsanwalt und Notar Dr. Theodor Ichon für ganz in seinem ehemaligen Sommerhaus in Oberneuland, da das Stadthaus den Bomben zum Opfer gefallen war. Da das Landhaus nur als Sommersitz gedacht war – erst nach der Verbombung des Stadthauses an der Contrescarpe 73 im Jahre 1944 wurde es auch im Winter bewohnt –, konnte das erste Morgenfrühstück auf der Terrasse eingenommen werden. Das nun auch im Winter sich abspielende Leben bedingte die Anlage einer Zentralheizung; die wenigen bisher vorhandenen Öfen und der dekorative Kamin im Saal genügten nicht mehr.

Das Angebot seines Freundes Ichon, nach der Vertreibung aus der Horner Heerstraße zu ihm nach Oberneuland zu ziehen, war für Oelze ein Glücksfall. Zwar wohnten noch andere Parteien in dem Haus, besonders in der zweiten Etage, die in kleinere Zimmer eingeteilt war. Einmal wurden überraschend Flüchtlinge eingewiesen, aber die Familie konnte dort die nächsten Jahre ganz gut überstehen. Denn schließlich gab es die Ländereien, auf denen Gemüse und Kartoffeln durch den Hofmeier angebaut wurden. Zum anderen stand in dem sehr kalten Winter 1946/47, in dem Leute auf offener Straße erfroren, genügend Holz zur Verfügung, weil man angefangen hatte, den umliegenden Park durch das Fällen der älteren Bäume zu dezimieren. Oelze schildert die Lage, in der er sich augenblicklich befindet: »Auf Ihre freundlichen Fragen erwidere ich: Oberneuland liegt etwa 6 km von Bremen-Horn entfernt; Strassenbahn bis Horn (Endstation), von dort stündlich ein Autobus bis Oberneuland-(Kirche), von da bis zu unserem Hause etwa 5 Minuten zu gehen. Wir wohnen hier bei einem Jugendfreunde von mir; schon als Kinder spielten wir im Sommer in diesem Park, also bekannte Umgebung. Da wir sämtliche Möbel u. Betten in Horn zurücklassen mussten, bewohnen wir die Zimmer hier mit den Möbeln, die seit 3 Generationen, glaube ich, hier im Hause sind. Unser Haus in Horn dürfen wir einmal wöchentlich betreten; es sieht schlimm aus, alle Möbel ruiniert, und vieles, besonders Betten, verschwinden successive. Am Ende wird uns wenig oder nichts geblieben sein von den Einrichtungen dreier grosser Haushaltungen. (Übrigens sind *sämtliche* Villen in Horn, wo verhältnismässig geringe Zerstörungen sind, von den Amerikanern beschlagnahmt, es wohnen dort die Stäbe der Marine und Sanitätsformationen, eine Enklave in der Enklave).«[110]

Ein Jahr später erwidert Oelze »auf Ihre freundliche Anfrage, daß wir hier 2 Zimmer heizen, d.h. meines, – das im Winter gleichzeitig als Wohn-und Esszimmer genutzt wird, – und das meiner Frau. Ein Gartenzimmer, das wir im Sommer für Gäste und als Esszimmer benutzen, ist in dieser Jahreszeit Eiskeller. Da uns die Amerikaner vor 4 Wochen in Horn unser Gemüseland und Gehölz (bisher amerik. Hühnerfarm) zurückgegeben haben, leiden wir an Holz keinen Mangel.«[111]

Der Wunsch, Berlin zu verlassen, die Praxis zu verkaufen und in ein Fischerdorf oder in die Heide zu ziehen, äußert Benn nach dem Kriege öfter. Oelze bietet ihm an, sich in Bremen niederzulassen. Benn lehnt nach genauer Überlegung jedoch das »gütige Angebot« ab. »Einen neuen Anfang kann ich nicht mehr unternehmen. So sehr ich beglückt wäre, Sie in meiner Nähe zu wissen, so schwierig wäre die Umsiedlung, die Frage der Sachen u. Instrumente, der Neubeginn einer Praxis – alles zu belastend. Zwar hier zwischen den Trümmern leben, heisst nicht viel anderes, als schon in seinem eigenen Sarge schlafen, aber die Zukunft der Männer wird sich in zwei Reihen scheiden: die Verbrecher u. die Mönche, u. man soll die zweite Reihe bald beginnen.«[112] Dabei hatte ihm Oelze das Gartenzimmer versprochen, »das mit einem großen Kachelofen gut heizbar ist, Blick in Rilke'sche Parklandschaft: Eichen, Sumpfcypressen, gefrorener Teich, keine Ruinen.«[113]

12 Benn in Oberneuland

Im August 1950 hatte Benn eine offizielle Einladung der Philipps-Universität Marburg erhalten, um vor einem internationalen Ferienkurs im nächsten Jahr einen Vortrag über Lyrik zu halten. Er bat Professor Ernst Robert Curtius, das Manuskript durchzuschauen und Kritik anzumelden: »Das akademische Milieu ist mir etwas fremd, und nachdem ich auf der Einladung sah, daß ein Bundesminister, zwei hessische Minister, vier Universitätsrektoren und die dazugehörigen hohen Kommissare das Ehrenpräsidium bilden, fühle ich mich nicht ganz am Platze, andererseits irritiert es mich auch nicht. Ich erlaube mir, Ihnen das Manuskript auch deswegen zu senden, weil Ihr Name einige Male vorkommt. Der Hessische Rundfunk hat das Übertragungsrecht des Vortrages erworben und schickt einen Aufnahmewagen zu der Veranstaltung hin, ich fürchte, daß auch das schon der strengen Wissenschaft nicht recht ist, aber andererseits zahlt er sehr gut dafür und ich habe zugestimmt.«[114]

Mit Oelze hatte er sich häufig über die zu konsultierende Literatur für diesen Vortrag ausgetauscht, ihn um Rat gefragt, besonders wenn es um englische Autoren ging, und mit ihm schließlich die Frage besprochen, ob die Rede in Form eines Heftes gesondert erscheinen solle oder in einem geplanten Band gesammelter Essays. Oelze schlug dem Verleger Niedermayer einen Sonderdruck in der bewährten Heftform vor, in der auch schon *Drei alte Männer* (1949) und *Fragmente. Neue Gedichte* (1949) erschienen und oft verkauft worden waren. Am 21. August 1951 war es dann soweit: Benn trat um 17.00 Uhr ans Pult im Auditorium maximum der Universität Marburg und hielt seinen Vortrag *Probleme der Lyrik*.

Dass sein Verleger Max Niedermayer nicht gekommen war, enttäuschte ihn. An Oelze, dem er von einem Besuch der Marburger Veranstaltung abgeraten hatte, schrieb er: »Ein Glück, dass Sie nicht da waren! Ging schief! Zu grosser Hörsaal, zu viel Leute u. miserable Akustik, die hintre Hälfte schrie: ›lauter‹, peinliche Sache, ich musste kürzen. Schlechte Organisation. Einmal u nie wieder.«[115]

Nachdem er seiner Marburger Verpflichtung nachgekommen war, machte er endlich seinen lang gehegten Plan wahr, Oelze in Oberneuland zu besuchen. Die Freunde hatten sich nach dem Krieg noch nicht wiedergesehen, Benns Besuch in Bremen war mit Oelze bereits Anfang August 1951 abgesprochen worden. Eigentlich wollte auch Ilse, mit der Benn seit 1946 verheiratet war, mitkommen, aber sie konnte Berlin wegen eines Gastes aus den USA nicht verlassen. »Dafür kann ich nach Bremen kommen, wenn es Ihnen passt. Herr Niedermayer rät mir, Herrn Westphal kennen zu lernen und den Wunsch habe ich auch. Könnten wir das arrangieren? Macht es Ihnen viel Mühe? Sie haben natürlich völlig freie Hand, mich mit jedem bekannt zu machen, der Ihnen gut scheint. Ich werde weltoffen sein und mein Knie ist seit Monaten wieder vollkommen heil. Ich kann die Wümme entlang gehn und über das Horner Moor laufen.«[116]

Gert Westphal

Man darf sich eine solche Reise, selbst einige Jahre nach Kriegsende, nicht zu einfach vorstellen. Über die Art und Weise, wie man sich endlich wieder treffen könnte, wurde öfter gesprochen. Benn musste versuchen, eine Reisegenehmigung mit einem Interzonenbus durch die Westzonen zu bekommen, Oelze wäre gezwungen gewesen, sich entsprechend befahrene Strecken in Richtung Berlin zu suchen: »Infolge englisch-amerikanischer Eifersüchteleien gibt es keinen einzigen direkten Zug mehr zwischen Bremen und Hamburg! Für die 100 km braucht man auf Güter- und Personenzügen fast einen ganzen Tag«, schreibt Oelze im Januar 1946.[117] Und genau ein Jahr später heißt es: »Die Zustände auf den Eisenbahnen würden Stoff für ein paar ausdrucksvolle Terzinen aus einem neuen Inferno liefern; so legte man auf den Bahnsteig in Lüneburg eine Reihe vereister Frauen und Männer, die bei 10 Grad Kälte auf den Puffern zwischen den Waggons des Frankfurter Schnellzugs gereist waren, und keiner der Passanten nahm Notiz davon. Vierzig Deutsche, die den Nächsten hassen wie sich selbst, stumm vor Wut zusammengepresst in einem fensterlosen Abteil 3. Klasse, – und über das Nachbargeleise rollen lautlos federnd die blauen Pullman-Wagen des amerikanischen Expresszuges, sammetweich und überheizt, aus dessen Fenstern die wenigen Reisenden gelangweilt und völlig teilnahmslos über den Haufen der halberstarrten Rucksackträger hinblicken, die auf offenen Bahnsteigen stundenlang darauf warten, den hoffnungslosen Sturm auf irgendeinen Zug zu beginnen«.[118]

Benn findet »die Schilderung der Reise- u. Bahnverhältnisse sehr eindrucksvoll, *uns* überrascht das Alles ja wohl nicht –, Thema: geschichtliche Welt oder Verbrecher u. Mönche.«[119]

1949 will Oelze seine Absicht, Benn in Berlin zu besuchen, endlich wahr machen: »Hier den Interzonenpass zu bekommen ist nicht so schwierig, aber ich brauche ein ›Einreisevisum‹ des Magistrats im Berliner Ostsektor. Dieses Visum soll man nur dann erhalten, wenn ein dringender Grund für einen Aufenthalt in Berlin vorliegt, z.B. Krankheit, Erbregelung od. dgl. Ich erlaube mir hiermit die Anfrage, ob Sie einen solchen Grund für mich konstruieren könnten?«[120]

Benn war jedoch der Erste, der sich auf die Reise machte, um den Freund wiederzusehen. Am 1. September benutzte er den Interzonenbus von Berlin, der um 16.30 Uhr am Hauptbahnhof in Bremen ankam. Oelze erbot sich, ihn mit dem Auto am Hauptbahnhof abzuholen, und Benn bedankte sich ein paar Tage nach seinem Besuch: »Lieber Herr Oelze, es ist unverzeihlich, dass ich Ihnen noch nicht gedankt habe für Abholen, langes Warten, Koffer tragen [...] Nur mein Dank u. die Versicherung meines dauernden stillen Gedenkens an Ihre grosse Gastfreundschaft soll endlich an Sie abgehen.«[121] Drei Tage später schickte Benn die sechs Gedichte des Zyklus' *Spät* mit der Bemerkung: »Lieber Mister Oelze, im Anschluss an Oberneuland kam ich in eine gemässigte lyrische Produktivität – anbei die Ergebnisse. Zur Erinnerung an die Tage Ihnen u. Ihrer Gattin vorgelegt.«[122] Noch in Oberneuland hatte er zum Dank für die »grosse Gastfreundschaft« bereits ein Gedicht in ein Exemplar der *Fragmente* geschrieben:[123]

 Das Haus in Bremen
das ich nun wirklich sah,
bisher ein Schemen,
mir nur im Geiste nah –

> Das wird nun dauern
> in steter Wiederkehr:
> die weissen Mauern,
> die Bäume, alt u. schwer.–
>
> Dem Ehepaar Oelze
> in aufrichtiger Dankbarkeit
> 1–3 IX 51,
> Oberneuland Gottfried Benn

Oelze gibt ihm eine interpretative Antwort auf das Gedicht und fasst in einem Resümee den Besuch zusammen: »Interessant ist mir, was auf Sie den stärksten Eindruck unserer Umgebung hervorgerufen hat: die Bäume, ›alt und schwer‹, die Gräben und Brücken, – das Düstere also, das Monotone, Unbewegliche, Dinge, die wir nicht mehr sehen und empfinden, da wir ein Teil von ihnen (oder sie von uns) sind. Das ist mir sehr wesentlich von Ihnen zu wissen; vielleicht verstehen Sie uns auch, nachdem Sie dies gesehen haben, etwas besser, sind nachsichtiger mit unseren Defekten und Unzulänglichkeiten. Jedenfalls, Ihr Brief und die schönen Verse, die Sie, während Sie sich unterhielten, auf der Stuhllehne in das Exemplar der ›Fragmente‹ schrieben, haben ausser dem persönlichen für mich einen gültigern, dokumentarischen Wert. – Schade, dass ich Ihnen Bremen selbst nicht zeigen konnte: Die grossen Warenbörsen, die Häfen, Werften, Schiffe, es hätte dem Bilde etwas hinzugefügt, was nicht fehlen darf: zu dem Stabilen das bohrend Unruhige, Ueberbordende, Spekulative, Wagende – erst aus dieser Mischung von scheinbar Unvereinbarem entsteht ja der – sicher nicht angenehme – Typus des niedersächsischen Hanseaten (im Gegensatz zum Hamburger) [...] Die Schafe schlafen in der

Villa Ichon

Sonne auf dem heissen Rasen, kein Luftzug. Und dagegen der Sonntag Morgen unseres Deichspazierganges! Aber es zu beklagen, wäre müssig.«[124]

Oelzes Lebensweise in der Oberneulander Villa hat Benns Einschätzung, Oelze sei ein repräsentativer Vertreter der Bremer Geschäftswelt, natürlich bestärkt. Die unterschiedliche Lebensweise der beiden Freunde bei gleicher intellektueller und politischer Denkweise muss Benn nach diesem Besuch sehr beschäftigt haben, schreibt er doch an Oelze: »Ich denke öfter jetzt über Sie nach, nachdem ich Sie in Ihrem Milieu gesehen habe. Unsere Beziehung erscheint mir doppelt seltsam.«[125]

Oberneuland war ein Dorf am Rande der Stadt, bevorzugte Wohngegend gut betuchter Bremer, eine bäuerliche Idylle unweit der Wümme-Wiesen. Holländische Siedler hatten das

Landsitz **Caesar-Ichon** & Landgut Post
Herrenhaus & Landschaftsgarten, Oberneulander Landstr. 70
Eintragung in die *Datenbank der Bremer Denkmalpflege*: 1973
1843 von Anton Theodor Eggers, Hofmeierhaus, 18. Jh.,
Umbau, nach 1880; 1726 erwirbt der Kaufmann und Schottherr
Simon Post das Gelände zwischen Oberneulander und
Rockwinkeler Straße. Sein Enkel Simon Hermann von Post
gibt dem Landsitz seit 1768 ein völlig neues Gepräge.
1829 kaufte Gerhard Caesar das Landgut. 1875 Nach dem
Tode von Senator Caesar erwirbt Emma Holler das Landgut;
ab 1912 befand es sich im Besitz der Familie Ichon
1970 wurde ein Teil des Parks zur Anlage des Simon-
Hermann-Post-Weges abgetrennt. 1975/77 entstehen
Neubauten auf dem Parkgelände für ein Altenheimkomplex,
in den auch die Villa Ichon einbezogen ist.
Garten, 1768 von Gottlieb Altmann, 1829 Umgestaltung
zum Landschaftgarten, 1878 Veränderungen von Wilhelm
Benque. Gegenüber von Höpkensruh und Muhles Park
liegt Ichons Park. Die Hufe war mit 65 m Breite ebenfalls
deutlich schmaler als die üblichen Hufen. 1768 war hier
von Altmann für Simon Hermann Post ein Park in barocken
Formen mit einer Mittelachse angelegt worden. Unter
Hinrich Retberg begann man ab 1810, den Park teilweise
in einen „englischen Garten" umzuwandeln. Der nächste
Eigentümer, Gerhard Caesar, vergrößerte den Besitz und
ließ durch A. Th. Eggers ein bestehendes Bauernhaus zu
einem neuen Wirtschaftsgebäude umbauen und östlich das
heutige klassizistische Wohnhaus erbauen. 1875 kaufte
Emma Holler das Gut und ließ den Park durch W. Benque
vollständig in einen Landschaftsgarten umgestalten. Später
ging das Gut in das Eigentum der Familie Ichon über, die
bis Mitte der 1970er Jahre hier ansässig war. Das Gutshaus
mit seinen kostbaren Innenräumen und ein öffentlich
zugänglicher vorderer Parkrest blieben erhalten, darin
wurde eine Altenwohnanlage integriert. Ein Großteil des
Parks musste wegen der erheblichen Schulden, die das
Grundstück belasteten, aufparzelliert werden und wurde
mit Wohnhäusern bebaut.

Das Gartenzimmer

sumpfige Brachland im 12. Jahrhundert kultiviert, das bald auch wohlhabende Rats- oder Handelsherren anzog, die hier ihre Sommerhäuser errichteten. So vermerkte Johann Tiling, Pastor und Dorfchronist von Oberneuland 1750, dass hier die »vornehmsten Bremer Familien wohnen«[126]. Denn bei reichen Bremern war nach dem Vorbild der Fürsten die Mode aufgekommen, während des Sommers die enge, mittelalterlich geprägte Stadt zu verlassen und aufs Land zu ziehen. Sie machten sich auf die Suche nach schön gelegenen Häusern in der Umgebung, um sie zu kaufen und ihren Vorstellungen gemäß umzubauen.

1843 wurde auf dem Grundstück der Oberneulander Landstraße 70 eine Villa in klassischem Stil errichtet, ein zweigeschossiges, strengen Linien folgendes Gebäude mit dreiachsigem Mittelrisalit. Vor dem Haus erstreckte sich eine Terrasse, zu der fünf Stufen hinaufführten.

Zwei repräsentative Salons der Villa wurden besonders herausgeputzt. An der Ausgestaltung des Rittersaals, den Ornamente, Statuen und Reliefs nach antiken Vorbildern schmückten, wirkte der Maler Bertel Thorvaldsen (1770–1844) mit. Im benachbarten »Gartenzimmer« sollten Weinlaub, Blüten und Efeuranken sowie eine heroische Landschaft dem Raum den Charakter einer idyllischen Laube verleihen.

Nach 1880 wurde das Haus erweitert und die Gartenanlage verändert. Der bekannte Landschaftsplaner Wilhelm Benque, der auch den Bremer Bürgerpark gestaltete, riet zu einem großen, einfachen Rasenplatz vor dem Haus, setzte Ziersträucher an, richtete drei Hauptwege ein und ergänzte den norddeutsch geprägten Baumbestand durch exotische Gewächse. Dr. Eduard Ichon, der langjährige Leiter des Bremer Schauspielhauses, und sein Bruder Dr. Theodor Ichon, Anwalt und Notar, erbten die Villa 1912. Letzterer war der letzte private Besitzer des Hauses, das seinen Namen trägt und die Wirren des Zweiten Weltkrieges weitgehend unbeschadet überstand. Lediglich die

Glasveranda neben dem Haupteingang wurde durch den Explosionsdruck einer Bombe, die in den nahen Teich gefallen war, zerstört. Die Villa beherbergt heute ein Altersheim der Bremer Heimstiftung.

Dass Oelze in der Villa Ichon wohnte, wusste Benn ja seit langem, Oelze hatte ihm oft die Lage des Hauses, die Aussicht von der Terrasse und den Baumbestand geschildert und ihn zu seinem Geburtstag am 2. Mai 1946 eingeladen: »Wie sehr ich wünschen würde, Sie könnten den 2. Mai hier verbringen, diesem unruhigen und beunruhigenden Berlin für einige Tage wenigstens sich entziehen! Sie würden das Ihnen immer bestimmte Zimmer bewohnen, zu ebener Erde, die Tür direkt auf die nach Süden gelegene Terrasse führend, nur 2 Stufen in den Park mit den alten Sumpfcypressen, Kastanien und Walnussbäumen, die Rasen voll von Crocus und Anemonen. Auf dieser Terrasse sitze ich mittags in der schon heissen Märzsonne und überdenke, was Sie schreiben.«[127]

»Kommen Sie bald! Die schönste Jahreszeit steht jetzt unmittelbar vor der Tür, die Crocus blühen schon, bald kommt die kanadische Felsenquitte (von Bremer Schiffskapitänen vor 150 Jahren hierhergebracht und in ganz Oberneuland durch alle Parks ausgebreitet, und nur hier, also eine Spezialität, die einzige, die wir ausser schwarzen Moorwasserkanälen zu bieten haben), Sie können jetzt gut bei uns wohnen«, schrieb er Ende März 1949.[128] Und kurz darauf hieß es: »Hier voller Frühling. Seidenblauer Himmel, die ersten grünen Schleier über Weiden und Birken, Drosseln und Amseln flöten ab morgens 6 Uhr.« Und Ende Mai ergänzte Oelze seine Begeisterung: »Dieses Frühjahr ist unvergleichlich; mir scheint, 1921 war es zuletzt so.

Tage von subtropischer Wärme, Farben von einer in diesem Klima ungewohnten Intensität. Die Rhododendronbosketts sind kompakte Wolken von Farbe; die gelbe Azalea Pontica umgibt sich in der Wärme des Abends mit einem Mantel von Duft; schon blüht der Jasmin, die Rosen auf meiner Terrasse, die Iris, der Mohn, alle die Juni-Blumen; und die Bäume sind ein grünes Dickicht in einer wässerigen Atmosphäre wie auf den Landschaften Courbet's.«[129]

Theodor Ichon war schon 1944 nach der Verbombung der Kohlhökerstraße auf sein Landgut gezogen und hatte eine Zentralheizung anlegen lassen, denn die wenigen bisher vorhandenen Öfen und der dekorative Kamin im Saal genügten nicht mehr. »Wir leben hier in drei Zimmern (noch!)«, schreibt Oelze am 16. November 1945 an Benn, »in einer schönen 1835 [recte 1843] gebauten und nie veränderten Villa, die einem Jugendfreunde von mir gehört, Zimmer hoch und eisig, die Fenster sind gleichzeitig Balkontüren, aber wir verheizen ohne Reue und Gewissensbisse unseren Park in Horn, die Buchen und Eichen, in deren Schatten wir uns doch nie wieder ergehen werden. In unserem Hause [Horner Heerstraße 7] sitzen seit 2. Mai amerikanische Einheiten, z.Zt. eine Ambulance Unit; die Rasen sind mit Zelten bedeckt, der Teich leergepumpt, die Gewächshäuser zertrümmert; im Hause befinden sich in den unteren früheren Wohnräumen eine Offz.-, eine Uffz.- und eine Mannschaftsmesse; in den ehemals von meiner Frau und mir bewohnten Zimmern im 1. Stock wohnen Sergeanten, spannen sich Wäscheleinen und hat sich zwischen unseren Möbeln Wallensteins Lager aufgetan, nur gibt es mehr Marketenderinnen als bei Schiller. Abschreiben – im guten alten kaufmännischen Stil – dies und alles andere. Unsere Welt ist vorbei.«

Benn hatte Oelze gegenüber den Wunsch geäußert, bei seinem Besuch Gert Westphal (1920–2002) zu treffen, der bei Radio Bremen bereits seit 1949 verschiedene Sendungen über Benn inszeniert hatte. Westphal wurde nach Oberneuland zu einem Gespräch eingeladen: »Ich kam gern«, schreibt er, »obwohl ich von unserem Gastgeber wußte, wie sehr Gottfried Benn die landläufige Geselligkeit hasste. Die erste Zeile seines Gedichts ›Chopin‹ – auch ein ›statistisches‹ – ist ja blanke Autobiographie: ›Nicht sehr ergiebig im Gespräch/ Ansichten waren nicht seine Stärke/ Ansichten reden drum herum‹. Was mir bange machte, war Oelzes Wunsch, – mir vorgetragen als Bitte, aber was blieb mir, als mein ›Ja‹–, einige Gedichte Benns vor ihrem Autor zu lesen. – Hätte ich nicht gewusst, wen ich da treffen sollte, vielleicht würde ich geglaubt haben, Oelzes Hausarzt kennen zu lernen, so unaufwendig war dieser nicht sehr grosse, etwas schwere Mann mit dem grossen Schädel und den müden, aber überall lange verweilenden Augen. Der Gastgeber griff zum kristallenen Römer mit dem wunderbaren Mosel, den wir tranken und eröffnete seinem Freunde, er habe mich gebeten, einige der letzt [sic] erschienenen Gedichte hier im kleinen Freundeskreise – wir waren ein Dutzend Menschen – vorzulesen, weil er, Benn, ja immer der Meinung sei, das gehe nicht, man müsse bei der Lyrik das Schriftbild vor Augen haben, aber er, Oelze, meine eben, es gehe doch, wenn uns Gert Westphal … mir schlug das Herz bis in den Hals und ich beneidete, zum wievielten Male, Herbert von Karajan, der glaubhaft versichert, in seinem ganzen Leben niemals Lampenfieber gehabt zu haben. Ich weiss nicht mehr alle die vier, fünf Gedichte, die ich da am Tische vor den mir mit Gewissheit zusprechenden Augen von Frau Charlotte Oelze las, ich weiss, dass dabei war:

> Dann –
>
> Wenn ein Gesicht, das man als junges kannte
> und dem man Glanz und Tränen fortgeküßt,
> sich in den ersten Zug des Alters wandte,
> den frühen Zauber lebend eingebüßt.
>
> Der Bogen einst, dem jeder Pfeil gelungen,
> purpurgefiedert lag das Rohr im Blau,
> die Cymbel auch, die jedes Lied gesungen:
> – »Funkelnde Schale« – »Wiesen im Dämmergrau« –
>
> Dem ersten Zug der zweite schon im Bunde,
> ach, an der Stirne hält sie schon die Wacht,
> die einsame, die letzte Stunde –
> das ganze, liebe Antlitz dann in Nacht.

Es war das letzte der Gedichte, die ich las. Schweigen um den Tisch. Frau Oelze nickte leise, unauffällig, senkte wohl eigentlich nur zustimmend die Lider. Da hob Benn den Diagnostikerblick seiner schweren Augen, griff zum Weinglas und sagte leise: ›So geht's‹. Mehr nicht. Aber es war ein Ritterschlag. Der Dichter war sehr viel verspätet aus Berlin mit dem Autobus nach Bremen gekommen, wegen irgendeiner Autobahnschikane, die sich die Russen gerade einmal wieder hatten einfallen lassen. Also baten wir ihn, doch die Rückreise am Montag aufzuschieben, vielleicht erst am Dienstag. ›Aber ich habe doch Patienten‹ war seine Antwort, es war fast wieder der Hausarzt Oelzes, der sie gab.«[130]

13 Radio Bremen

Nach dem Kriege hatte es Benn nicht leicht, sich wieder Anerkennung zu verschaffen. Dass er von der SS-Zeitschrift *Das schwarze Korps* 1936 angegriffen und zwei Jahre später aus der Reichsschrifttumskammer ausgeschlossen worden war, blieb in Emigrantenkreisen weitgehend unbekannt. Und in den Emigranten sah Benn seine eigentlichen Gegner, die seine Rückkehr auf die literarische Bühne zu verhindern suchten.

Der Rundfunk war in Deutschland nun eine Angelegenheit der Besatzungsmächte. Briten, Franzosen und Russen errichteten in ihren Zonen jeweils einen Sender, nur die Amerikaner setzten auf eine dezentrale Rundfunkorganisation: Es entstanden selbstständige Sender in München, Frankfurt, Stuttgart und Bremen. »Der Rundfunk war«, schreibt Thilo Koch im Rückblick auf seine Arbeit als Redakteur beim Nordwestdeutschen Rundfunk, »in Deutschland in den ersten Nachkriegsjahren das führende, das wichtigste publizistische Element. Seine politische wie kulturelle Bedeutung können kaum überschätzt werden. Rundfunk war billiger als Zeitungen, Zeitschriften und Bücher; für zwei Mark konnte und durfte man alles hören, was der Radioapparat an Wellen empfing – rund um die Uhr. Das Radio war aber zugleich auch schneller und unterhaltender als die Presse. Es war zudem weniger provinziell. Rundfunk ist ein Massenmedium. Aber durfte, ja mußte in der damaligen Situation nicht gerade der Rundfunk auch etwas für die geistige Diskussion tun – grenzüberschreitend? Der NWDR bejahte diese Frage und richtete auf der Mittelwelle ein ›Nachtprogramm‹ mit hohem intellektuellen Anspruch ein, später ein ›Drittes Programm‹ über UKW.«[131]

Erst nach und nach erschienen die Zeitungen wieder täglich. In einer Sendung am zweiten Tag des Sendebetriebs hieß es bei Radio Bremen: »Noch gibt es nicht alle Tage eine Zeitung, aber täglich kannst Du Deinen Rundfunkapparat einschalten. Noch wird Dir die Zeitung nicht ins Haus gebracht – oft mußt du noch Schlange nach ihr stehen – aber täglich zu dir ins Heim, zu Dir in Dein Zimmer kommt das Radio und ist immer für Dich da!«[132]

Die von den Besatzungsmächten betriebene »Reeducation-Politik« brauchte das Radio vor allem als Sprachrohr, weil die Bremer Zeitungen noch nicht lizensiert waren und der *Weser Kurier* wegen Papierknappheit zunächst nur zweimal wöchentlich erscheinen konnte. Der 23. Dezember 1945 war der erste Sendetag, an dem von Radio Bremen eine Weihnachtsfeier auf dem Marktplatz übertragen wurde. Täglich zwei Stunden, von 19.00 bis 21.00 Uhr, durfte der Sender bis zum Februar 1946 sein Programm ausstrahlen. Von da an wurden vier Stunden lang unterhaltende, informative und musikalische Sendungen gebracht. Das Füllen des Programms wuchs sich in der Anfangszeit zu einem Problem aus. Aufrufe an die Bremer, Platten und Bücher zu stiften und selbst ins Funkhaus zu bringen, das damals in einer beschlagnahmten Villa in der Schwachhauser Heerstraße 363 lag, brachten den gewünschten Erfolg: »Die Bremer Bevölkerung war offensichtlich selbst sehr bestrebt, den lokalen Sender am Leben zu erhalten.«[133]

Radio Bremen wurde dann der erste Sender unter deutscher Leitung: Am 18. Juli 1946 begann der Kaufmann und Journalist Walter Geerdes sein Amt als Intendant.[134] Im selben Jahr kam Gert Westphal nach Bremen. Hier begann er neben einem Engagement an den Bremer Kammerspielen zur gleichen Zeit als Sprecher und Redakteur bei Radio Bremen. Für den Sechsundzwanzigjährigen begann eine steile Karriere. Der Schauspieler wurde zum Regisseur, avancierte zum Oberspielleiter und brachte es schließlich zum Leiter der Hörspielabteilung, die er bis Ende 1952 führte.

Westphal war seit Beginn seiner Arbeit beim Rundfunk auch immer mit Lesungen zu hören, deren Texte er selbst aussuchte und bearbeitete. Er entwarf ein Bild der Nachkriegszeit am Beispiel des Rundfunks: »Meine Damen und Herren, könnte ich Ihnen die Situation von damals, 1949, schildern und unsere seelische, geistige Verfassung in ihr? Wir waren ja alle noch ein wenig verwundert, dass uns der Krieg heil ausgespuckt hatte, wir glaubten fest, wir seien es wem auch immer schuldig, aus diesem Gnadenakt etwas zu machen. Wir verschrieben uns, jung wie wir waren, an diesem Radio Bremen, das man uns da anvertraute, dem Generalprogramm der ›reeducation‹ und vieles, was sich da in der politischen Wirklichkeit tat, ging uns schon sehr gegen den Strich. Der Elan des Wirtschaftswunders hatte ja auch die suspekte Kehrseite der stupiden Inthronisation des Verbrauchers als Phänotyp des homo sapiens und das war die ›Erneuerung‹ nicht, die uns vorschwebte. Da musste uns doch dieser radikale Desillusionist Gottfried Benn packen wie kein anderer. Und sein Statthalter Oelze in Bremen öffnete mir sein Haus, brachte mir die frühen Veröffentlichungen – ›Fazit der Perspektiven‹ – ›Können Dichter die Welt ändern?‹ – und eben dieses Oelze gewidmete Gespräch der drei alten Männer.«[135]

Der Aufbau von Radio Bremen war für einen jungen ambitionierten Theatermenschen eine zusätzliche Chance. Westphal bekam im August 1946 seine erste Rolle in einem Hörspiel. Nach Westphals Weggang 1953 übernahm Oskar Wessel, der Hauptabteilungsleiter »Wort«, vertretungsweise die Leitung des Hörspiels, bevor Oswald Döpke Chefdramaturg der Abteilung »Hörspiel« wurde.

Döpke, Wessel und Westphal teilten die gleichen literarischen Vorlieben: »Hast du den neuen Sartre gelesen? Den müßte man als Hörspiel bearbeiten! – Was sagt ihr zu Camus? Was zu Auden, zu Orwell, zu Benn?, den wir Jüngeren damals für uns entdeckten, dessen ›Drei alte Männer‹ und ›Die Stille [recte Stimme] hinter dem Vorhang‹ wir als erste vorstellten.«[136]

In den drei Redakteuren, in deren Aufgabenbereich die Literatur lag, hatte Benn also interessierte Fürsprecher. Für Oelze war es deswegen nicht schwer, sich dafür einzusetzen, dass Benn im Sendeplan berücksichtigt wurde, besonders nachdem Benns erste Veröffentlichung, die *Statischen Gedichte*, in einer

Auflage von 3.000 Exemplaren im Arche-Verlag Zürich erschienen waren. Allerdings durften die Bände nicht in die besetzten Zonen verkauft werden.

Zum Abhören der Sendung *Doppelleben und Ausdruckswelt* trafen sich im Juni 1950 Gert Westphal, Kurt Heinrich Hansen, dessen Übertragung von W. H. Audens *Zeitalter der Angst* Gottfried Benn wenig später im Limes-Verlag einleiten sollte, und Friedrich Wilhelm Oelze. Zwischen Westphal und Oelze entstand ein Briefwechsel, aus dem Westphal in seiner großen Sendung über Benn mit dem o.g. Titel auch zitiert:»"Oelze schrieb mir in jenem Jahr 1950, als die ersten Gottfried-Benn-Sendungen bei Radio Bremen entstanden: ›Ich brauche Ihnen nicht zu sagen, dass ich selbst es als keinen geringen Glücksfall betrachte, einem Menschen zu begegnen, mit dem man sich über die fünf oder sechs Grundfragen, auf die es ankommt, ohne Diskussion versteht. Solche Begegnungen werden immer seltener, je älter man wird, das liegt an uns selbst; die Erfahrungen, denen wir innerhalb unserer Zeitspanne unterworfen waren, haben uns gezwungen, uns auf eine Indifferenz zurückzuziehen, die uns vor gewissen Berührungen sichert. Wer sich von den Vorgängen distanziert, sich gegenüber den die Gemeinschaft bewegenden Fragen neutral verhält, gilt im Voraus als unzuverlässig und gefährlich, wer sich weigert, der Massenmeinung das Kriterium objektiver Wahrheit zuzubilligen und ihre ideologischen Autoritäten als verbindlich anzuerkennen, wird wie ein Verdächtiger gemieden, und so erreicht man zuletzt jenen wünschenswerten Zustand, wo die Verbände und die Kongresse aufhören und nur die Wenigen uns noch erreichen‹. Die Briefstelle spricht einfach für das, was er das ›Konstitionelle‹ nannte. Er wusste, welche Ausserordentlichkeit ihn mit Benn verband. Nicht einmal dieser selbst konnte ihn von sich abbringen. Er brachte seiner Zurückhaltung, seinem Bestehen auf Distanz jedes Opfer. Und letztlich sahen beide gern vom Nur-Persönlichen, gar Privaten ab und beide zitierten gern Goethes Maxime: ›Gebildete Menschen bringen ihr Leben ohne Geräusch zu.‹«[137]

Oelzes Bemühungen kam ein Manuskript zugute, das Benn ihm bereits im August 1948 zugestellt hatte. Es handelte sich um die Gespräche der *Drei alten Männer*. Oelze war ganz der Meinung Benns, dass diese Gespräche zwar nicht auf viel Gegenliebe stoßen würden, was aber nach Benns Meinung nichts an ihrer Qualität änderte. Benn äußerte als Autor die Überzeugung, »dass sie gut sind. Die Leute wollen aus Büchern und Arbeiten immer etwas in die Hand bekommen, eine Moral, eine Aussicht, eine Sentenz, eine ›Synthese‹. Gerade das aber will ich nicht. Heute kann nur Alles in der Schwebe bleiben, sonst ist es unecht u. unzeitgemäß.«[138] Kurz vor Weihnachten erschien der Text dann bei Max Niedermayer im Limes Verlag Wiesbaden, die Reaktionen scheinen Benn jedoch von den üblichen Vorurteilen getragen: »Ich habe den Eindruck, dass ausländische Bekannte betroffen sind von dem Umstand, dass weder Schuld noch Sühne, Umerziehung und Besserungsversicherungen aus Deutschland in dem Band zu finden sind. Offenbar ist für sie alle das Problem Deutschland ganz allein auf diesen Fragenkomplex abgestellt.«[139]

Oelze schienen diese Gespräche eine gute Gelegenheit, Benn wieder in die Diskussion zu bringen. Er setzte sich telefonisch mit Westphal in Verbindung, und es kam zu einer Lesung der *Drei alten Männer* im November 1949. Die Sendung wurde vorbereitend eingeleitet durch ein Gespräch, das Westphal mit

Oelze, Vietta und Hansen führte und das ein paar Tage früher ausgestrahlt wurde, um die Hörer über die Bedeutung der *Drei alten Männer* aufzuklären und über einen Dichter, »der seit einigen Monaten in Deutschland, in der Schweiz und auch im nicht deutsch sprechenden Ausland, lebhaft diskutiert wird. Wir meinen: Gottfried Benn und seinen Dialog [!] ›3 Alte Männer‹. Dieses Prosagespräch, das wir Ihnen am kommenden Dienstag [den 29.11.1949] um 21.15 senden, erreicht mit gänzlich anderen Mitteln überraschende und weitgehend gleiche Ergebnisse wie die Dichtung [Wystan Hugh] Audens«.[140] Und am Dienstag, den 29. November, werden die Hörer zu Beginn der Lesung der *Drei alten Männer* dann mit der Ansage durch Westphal auf das Ereignis vorbereitet: »Benn setzt Ihnen mit seinem Prosadialog [!] der ›Drei alten Männer‹ eine geistige Auseinandersetzung von ungewöhnlicher Konzentration vor, der sich kein denkender Mensch entziehen kann.«[141]

Zwischen Aufnahme und Sendung verging jedoch ein Vierteljahr, Oelze war bereits Anfang Juli zu der Aufnahme eingeladen worden. An Benn schrieb er: »Das bringt mich auf vergangenen Sonnabend, den 9. Juli [1949], 3 Uhr nachm., Schauplatz: Radio Bremen. Ich hatte Herrn Westphal geschrieben (wegen der Funksendung der »Drei A.M.«) und erhielt postwendend eine äusserst liebenswürdige Einladung von ihm, mich Sonnabend nachm. im Funkhaus einzufinden, um der Aufnahme eines Rundfunkgesprächs über G.B. zwischen Vietta und Dr. Hansen (der Ihnen ja wegen Auden schrieb) beizuwohnen und mich ›einzuschalten‹. Am Ort feierliche Begrüssung durch Herrn Westphal, – Jüngling, 29, Hornbrille, riesige auf den Rockkragen hängende Mähne –, der es garnicht fassen konnte, daß ich den grossen G.B. persönlich kenne! Aber ehrlich enthusiasmiert von Ihrem Werk. Das Gespräch war von Westphal als Einleitung zur Sendung der Drei A.M. gedacht, gleichzeitig als kurze Orientierung über Ihr Werk; Vietta und Hansen bestanden darauf, ich müsse mich daran beteiligen; meine Proteste, daß ich noch nie in ein Mikrophon gesprochen hätte, nützten mir nichts, ich wurde bei rotem Aufnahmelicht gefragt und musste Antworten geben, beschränkte mich dabei auf das mögliche minimum, weil ich das Gefühl hatte, angesichts einer anonymen Hörermasse aus einem Nebel heraus Unsinn zu reden; Vietta und Hansen aber waren sehr gut, – wenn auch Hansen, für meinen Geschmack, etwas zu viel Wert legte auf die Parallelen Ihrer Gedichte zu denen seiner Speziallieblinge Eliot und Auden (die er beide z.Zt. übersetzt). – Das Gespräch wurde auf Bänder aufgenommen, wird im Herbst gesendet. – Nächste Woche kommen Vietta und Westphal zu mir heraus; ich habe W.[estphal] versprochen, ihm Ihre frühen Gedichte und Essays zu geben. Wichtig, dass diese Jeunesse du Radio realisiert, daß es grosse Deutsche gibt (Dichter meine ich), und daß man daher nicht auf fortgesetzte poetische Anleihen in England, Frankreich und Amerika aus zu sein nötig hat. Ich glaube, er hat es jetzt – *durch Sie* – kapiert.«[142]

Oelze ließ jedoch nicht locker, er wollte den Text nicht erst im Herbst in der Öffentlichkeit dargestellt sehen. Er war Gründungsmitglied des *Club zu Bremen* und kannte den Senatssyndikus und Schriftführer der Rudolf-Borchardt-Gesellschaft e.V. in Bremen, Adolf Stier tom Moehlen, der ein großer Benn-Verehrer war. Der *Club zu Bremen* ist der älteste Gesellschaftsclub in Deutschland. War ursprünglich der Sinn dieses Clubs, »dass seine Mitglieder sich mit gemeinnützigen Kenntnissen aller Art, insbesondere mit Kenntnissen der Naturwissenschaft, Physik, Geschichte und mechanischer und bildender Künste beschäftigen«, wie es in der Satzung von 1783 heißt, verfolgt der Club heute »ausschließlich und unmittelbar« den Zweck, die internationale Zusammenarbeit auf allen Gebieten zu pflegen.

An Benn schrieb Oelze: »Demnächst sollen die ›Drei Männer‹ in einem geschlossene Cirkel von drei hervorragenden Schauspielern in einem grossen Privathaus hier gelesen werden. Ausser Herrn tom Möhlen haben Sie einige passionierte Jünger mehr hier gefunden!« Und er gibt eine kurze Charakterisierung des Verehrers: »Herr tom Moehlen: fragte mich, ob er Ihnen schreiben dürfe; meine Antwort: ich könne es nicht verbieten (die mir deutlich genug schien). 36 Jahre alt, bis vor kurzem hier Senatssyndikus, jetzt Anwalt, politisch begabt, scharfer Kopf; ich gab ihm zu Weihnachten die 3AM, die ihm völlig den Kopf verdrehten, dann verschaffte er sich den Ptolemäer und die Gedichte, spricht seitdem Tag und Nacht nur noch von Ihnen, liest in allen möglichen Cirkeln Ihre Sachen vor, kurz, erlebt durch Sie ›die grosse Verwandlung‹.«[143]

Eine Aufführung der *Drei alten Männer* für die Mitglieder des *Club zu Bremen* [»geschlossener Cirkel«] fand am Freitag, den 5. August 1949 in den Bremer Kammerspielen im Haus Atlantis, Böttcherstraße 2, statt, zu der Stier tom Moehlen die Einführung gab: Es war die erste Bühnenvorführung mit verteilten Gesprächsrollen in Deutschland überhaupt. An Benn schrieb Oelze: »Freitag abend die ›Drei A.M.‹« gelesen, vor etwa 80 geladenen Gästen [des *Club zu Bremen*], von vier sehr guten Schauspielern. Wirkung erstaunlich; auch bei denen, die nicht mitkamen, die tiefe Verwunderung über eine Haltung jenseits aller gewohnten Besänftigungen aus Religion, Synthese, Konformismus; und bemerkenswert, daß alle sahen, um welche letzten Dinge es hier ging, auch wenn sie [sie] nicht billigten. Ihre Sprache, laut gelesen, wie die Beschwörungsformeln eines Magiers, zauberhaft!«[144]

Die Verbindung zu Westphal sicherte die Möglichkeit, im Bremer Rundfunk auf Benn aufmerksam zu machen: Im Juni 1950 startete Westphal seine Sendung über Benn mit dem Titel *Doppelleben und Ausdruckswelt*. Im nächsten Jahr strahlte der Sender am 12. Februar in der Zeit von 22.15 Uhr bis 22.59 Uhr die Sendung *Können Dichter die Welt ändern* aus. Im April des folgenden Jahres konnten die Hörer dann der *Stimme hinter dem Vorhang* lauschen, die in der Regie Gert Westphals am 2. Mai 1952 ausgestrahlt wurde, zum Geburtstag des Dichters. Und im November desselben Jahres las Westphal die *Erwiderung an Alexander Lernet-Holenia*, ein Brief Benns an den Dichterkollegen Lernet-Holenia, mit dessen Nietzsche-Kritik er nicht einverstanden war.

An Oelze hatte er am 22. August 1954 geschrieben: »Übrigens hat Radio Bremen mich schon wissen lassen, dass er [sic] sehr gern eine Sendung mit mir machen würde, wenn ich noch einmal käme (das würde also auch das Finanzielle sehr angenehm regeln – ginge aber auch ohne dem).«[145]

Im September 1954 traf Wessel Benn in Worpswede und bewegte ihn zu einem Gespräch [Aufnahme 11.9.1954], das Radio Bremen in einer Abendsendung am 15. November unter dem Titel *Erinnerungen an eine bewegte Epoche* ausstrahlte.

14 *Worpswede*

Ein halbes Jahr vor seinem Tod nimmt Benn in einem Brief an seinen amerikanischen Übersetzer und Herausgeber Edgar Lohner Bezug auf das für ihn entscheidende Ereignis des letzten Jahres: »Am Tage, an dem Sie diesen meinen Brief erhalten, ist es wohl ein Jahr her seit jenem Nachmittag in Bremen und Oberneuland, wo wir uns begegneten (4.IX.54). Für mich ist seitdem ein ziemlich rätselhaftes Jahr vergangen, kein sehr gut gelungenes. Aber heute scheint die gleiche sanfte schöne Septembersonne wie an jenem Tag, dessen Eindrücke durch die Photographien Ihrer Gattin oft in mir wieder lebendig wurden.«[146]

Benn zieht das Resümee seiner Begegnung mit Fräulein Ursula Ziebarth, die die letzten Monate seines Lebens verdüsterte.

Das Zusammentreffen hatte mit einem Telefonanruf begonnen: Sie hatte um ein Treffen gebeten, um eine Auswahl seiner Gedichte für die Reihe *Unsere Schule* im Bremer Verlag *Eilers*

Edgar Lohner, Charlotte Oelze, Benn und F. W. Oelze

& *Schünemann*, an der sie mitarbeitete, zu besprechen. Am 6. August 1954 kam man im Restaurant *Fournes* am Innsbrucker Platz in Berlin zusammen. Benn lud die junge Frau zu einem Eis ein. Sie kam aus Worpswede, arbeitete in Bremen und versuchte, Benn dazu zu ermuntern, aus seinem Werk in der Hansestadt vorzutragen.

Benn bedankt sich noch am selben Tag mit einen kurzen Brief, in dem er eine gemeinsame Fahrt nach Worpswede in Erwägung zieht: »Haben Sie vielen Dank, dass Sie mir an diesem heissen Tag zwei so reizende Stunden schenkten – eine schwarze Figur mit soviel sprudelndem Elan!«[147]

Schon am nächsten Tag ist sein Entschluss gefasst, und bereits am 10. August fahren beide im Interzonenbus durch die westlichen Zonen nach Worpswede, das Benn erst nach fünf Tagen wieder verlässt. Benn kommt im *Hotel und Kaffee Worpswede* unter, er telefoniert mit Oelze, dem er sein Kommen bereits aus Berlin angesagt hatte: »Will nur Luft schnappen u. meine Frau entlasten, da unsere Hausangestellte auch auf Urlaub ist. Freue mich sehr, Sie einmal im Freiluftstil zu sprechen.«[148]

Das war allerdings weniger als die halbe Wahrheit. Denn der eigentliche Grund für die Reise bestand im gemeinsamen Aufenthalt mit Ursula Ziebarth, selbst die Begegnung mit Oelze kam erst an zweiter Stelle, denn Benn sehnte sich, wie er schrieb, selbst in Oberneuland nach ihr: »Ich schicke diesen Brief nach Worpswede, damit er in deiner Stube liegt, wenn du nach Hause kommst, in dieser Stube, nach der ich mich in Oberneuland so sehnte, an die ich hier denke an alle ihre Einzelheiten – Bücher, Teekessel, Regentonne. Bitte denke manchmal daran, wie sehr von jetzt an meine Gedanken bei Dir sind u. meine Blicke auf Dir ruhn.« In diesem Brief spricht Benn auch von dem »trauervollen Glück, das du für mich wurdest. Also bitte wisse: Du und Dein Zimmer war für mich keine Blaue Stunde, sondern ganz etwas Anderes. Ich hoffe so sehr, wenn du das weisst, wirst du etwas mehr Vertrauen zu mir haben.« Das Schreiben endet mit dem Bekenntnis, auch er sei selbst überrascht über die »verblüffende, fast ergreifende Verehrung für Deine Person«[149]: Benn hatte sich in die junge Frau bis über beide Ohren verliebt.

Ziebarth wohnte seit Anfang 1948 in Worpswede und arbeitete beim *Eilers & Schünemann Verlag* in Bremen. An der Pädagogi-

»Unser Dorf« von Ursula Ziebarth

schen Arbeitsstelle, Humboldtstraße 117, hatte sie ihr Büro. Im Auftrag der Arbeitsgemeinschaft Bremer Schule e.V. verfasste sie seit den 1950er-Jahren mehr als ein Dutzend kurze instruktive Broschüren als Arbeitsmaterialien für die Grundschule, die sich mit Themen wie *Auf dem Bauernhof*, *Von der Post* oder *Unser Dorf* befassten. Illustriert waren sie von ihrem Lebensgefährten, dem Maler, Grafiker und Bildhauer Walter Niemann, der mit ihr in Worpswede lebte.

Oelze suchte Benn am Donnerstag, den 12. August 1954 in Worpswede auf und aß mit ihm zu Abend. Benn erwiderte den Besuch am Nachmittag des Sonnabend und kehrt erst um 22.30 Uhr zurück. Obwohl Benn wegen Ziebarth in den Norden gereist war, genoss er das Wiedersehen mit Oelze doch sehr. Von Soltau aus, wo der Bus hielt, schrieb er ihm auf der Rückfahrt eine Postkarte. Er spricht sich über Oelzes Wohnsituation aus, die er ja seit 1951 kannte, die ihn jedoch wieder stark beeindruckte: »Lieber Herr Oelze, bevor ich dieses nasse Land verlasse, noch einmal meinen herzlichsten Dank für Ihr Herkommen am Donnerstag u. den schönen Sonnabend bei Ihnen. Wie wunderbar sind die beiden Räume, in denen Sie wohnen, ich kenne Schöneres nicht. Ich möchte sagen, dass ich mich in so einer Welt voll Herrlichkeiten nicht bewegen kann u. befangen bin. Der Utrillo ist ein grossartiges Bild, ich verstehe ja nichts von Malerei, aber sein Anblick tut wohl u. entzückt das Auge.« Und in ein Exemplar der Übersetzung seiner Gedichte ins Italienische schrieb er für Oelze die Widmung: »Herrn Oelze, in seinen Zimmern, vier Wände aus Silber u Rosen.«[150]

Die kurze Reise mit Ziebarth reichte ihm jedoch nicht aus. Schon am 20. August schreibt er ihr: »Ich weiss, dass ich Dich sehr bald wiedersehn muss. Mit Radio Bremen sehr einverstanden. Vielleicht kann man es kombinieren mit Project Oelze-Lohner (der USA-Mann), der Ende August nochmals zu Oe[lze] kommen wollte. Was das Wohnen angeht, wäre Wohnen in Bremen besser. Bitte schreibe mir, wann der letzte Autobus von W.[orpswede] nach Br.[emen] geht u wann morgens der erste.«[151]

Mit »USA-Mann« ist Professor Edgar Lohner gemeint, der an der New York University lehrte, Benns Gedichte ins Englische übersetzt und für das Bekanntwerden Benns in den USA gesorgt hatte.

Zwei Tage später bat Benn Oelze um Hilfe. Er möge doch Lohner einladen und ihn, Benn, gleich mit und »besonders betont und dringend schreiben, er würde mein Kommen begrüßen.« Wohnen würde er in Bremen oder Worpswede, Radio Bremen würde auch gerne mit ihm eine Sendung machen. Nach dieser umständlichen Einleitung rückt Benn mit dem wahren Grund seiner Reiseabsicht heraus: Er könne die Reise jedoch nur bewältigen, »wenn Sie mir etwas helfen, um es hier unauffällig zu machen. Wenn ein Mann meiner Jahre noch einmal auf etwas stösst, das ihm Freude macht, kann er es sich leisten. Richten Sie bitte ihre Gedanken nicht in Richtung Erotik, sondern in der Richtung, dass es einen sehr berührt, wenn man als alter Mann überhaupt noch auf ein inneres Entgegenkommen bei reizvollen jungen Frauen stösst, auf eine Berührung der Sphären, zu denen natürlich auch die Erotik gehört, die aber etwas ganz anderes bewirken und bedeuten, nämlich eine Art Bewegung affektiver Schichten, die einen für eine Weile fortführen von Erstarrung, Müdigkeit, Fettwerden, Ranzigwerden – von all diesen Dingen, in die ich geraten war und aus denen ich hier kein Entkommen sah. Das ist auch das Motiv, das mich schon im vorigen Herbst bewog, zu erwägen, den Winter in einem anderen Ort, Hamburg, München [oder Bremen!] zu verbringen. Wollen Sie also bitte die Sache und meine Bitte, im Sinne unserer Freundschaft betrachten. Vielleicht trifft es sich dann auch, dass ich Ihren Garten und Ihre Räume einmal in einem anderen Lichte sehe, in einem helleren, denn für mich liegt über Ihrem

Haus und Garten immer der Schatten einer ungeheueren Melancholie, wenn ich sie vor mein geistiges Auge führe«.[152]

Auch Edgar Lohner wird bearbeitet: »Ich habe inzwischen Herrn Oelze gesprochen, und er erwartet wohl, daß Sie noch einmal sich zu einem Besuch entschließen und auch Ihre Gattin mitbringen. Wenn das der Fall sein sollte, käme ich *bestimmt* auch nach Bremen, um Sie zu begrüßen.«[153]

Kurz vor seiner Reise schreibt Benn an Ziebarth: »Mein Liebstes, dies ist nun der letzte Gruss. Die Aussicht, Dich wiederzusehn, verschlingt mein Inneres.«[154] Er fährt mit dem Zug am Donnerstag, den 2. September 1954 nach Bremen und zieht in das *Hotel zur Post* (heute *Hotel Résidence*, Hohenlohestraße 42), wo auch Ziebarth die Nacht verbringt. Um 6 Uhr schiebt er ihr einen Zettel unter der Tür ihres Zimmers durch: »Liebes, ich möchte noch etwas schlafen. Ich lasse mir das Frühstück aufs Zimmer kommen, tue du das auch. Ich besuche Dich in der Ausstellung. Nimm Deine Sachen mit u. fahre heute Abend nach W.[orpswede]. Du schläfst dort besser u. ich hier auch. Alles Liebe. G.«[155] Am nächsten Tag besucht er sie auf der Lehrmittelmesse in Zelt IV auf der Bürgerweide, wo sie für den Stand von *Eilers & Schünemann* verantwortlich und deswegen sehr beschäftigt ist.

Die Woche ist für Benn ausgefüllt mit Treffen und Besuchen. Die meiste Zeit verbringt er mit Ziebarth abends in Worpswede, aber am Samstag, den 4. September, trifft er sich mit Oelze und dem Ehepaar Lohner in Oberneuland, am Nachmittag fährt die Gruppe nach Bremen ins *Café Jacobs* in der Bremer Innenstadt, Ecke Söge-/Knochenhauerstraße, Ziebarth stößt dazu.

Das *Café Jacobs* in der Bremer Innenstadt

Für Dienstag, den 7. September, hat er sich mit den Redakteuren von Radio Bremen, Oswald Döpke und Oskar Wessel, verabredet, man bespricht eine Sendung, in der Benn eigene Gedichte vortragen soll. Gesagt, getan. Am Samstag wird er aus Worpswede abgeholt und ins Studio des Senders gebracht, die Gedichtlesung dauert 5:03 Minuten. Mittags trifft er sich noch einmal mit Oelze, am Sonntag fährt er mit dem Interzonenzug um 12.06 Uhr von Bremen nach Berlin zurück. Oelze bekommt eine etwas unklare, aber doch deutliche Zusammenfassung des Aufenthaltes in Worpswede:»Über Heide und Moor ein ander Mal. Es ist eine etwas kritische Sache, aber ich denke, dass der Friede in der Bozenerstrasse gewahrt bleibt. Ich bin ja kein solcher Narr, um nicht zu wissen, was mir und meiner Lage ›gemäss‹ ist. Andererseits ... Herzlichen Gruss. Bremen ist eine schöne Stadt. Vielleicht ziehe ich für 2 Monate mal dahin. War in Ihrer wunderbaren Bibliothek (am Bahnhof), gefiel mir sehr, gepflegt, ruhig, reichhaltig.«[156]

Ein Vortrag in Bremen im Dezember des Jahres gibt ihm die erwünschte Gelegenheit, sich noch einmal mit Ziebarth zu treffen. Vom Hotel in der Hohenlohestraße aus machten die beiden Spaziergänge:»Die Stadt sah reizend aus mit all den vielen leuchtenden Weihnachtsbäumen auf den Plätzen, in den Geschäften.« Man geht zur Humboldtstraße, um Ziebarths Büro in der Pädagogischen Arbeitsstelle zu besuchen, Benn wollte die Arbeitsbedingungen kennenlernen. Anschließend besichtigt man den Marktplatz,»wir wählten den kleinen Anbau an die Liebfrauenkirche aus als Wunschhäuselquartier. Es ist das Küsterhäuschen der Kirche. Im Erker sollte Benns Arbeitszimmer sein. Auch die Weser wollte Benn sehen, und wir schlenderten über beide Brücken.«[157]

Im ersten Brief nach dieser Reise schrieb Benn ihr am 21. Dezember 1954:»Wir werden einige Zeit vergehen lassen, aber dann müssen wir eine Diskussion beginnen über diese Zwischenfälle, die unser Zusammensein so trüben u mir die Freude daran so oft verbittern«.[158] Dieser Ton verstärkt sich in den Briefen ab Januar 1955:»Du kannst dich nicht in einen Menschen hineindenken, der so *allein* seine Stunden verbrachte, wie ich es tat, mein ganzes Leben lang.« Benn kann das Unbeherrschte und Egozentrische der jungen Frau nicht länger ertragen. Er betont, daß er sich mit manchen Zügen ihrer Person nicht abfinden kann, »dazu bin ich zu alt, zu fest gefügt, zu konsolidiert auf einem langen, immer sehr erkämpften u. umkämpften Lebensweg. Du weisst, welche Züge ich meine: die schroffen, ichsüchtigen, den Partner völlig für sich verlangenden, fast ihn vergewaltigenden Züge. Du liessest mir keinen Lebensraum für mein inneres u äusseres Leben, es fällt dir schwer, zu glauben, dass es für Deinen Mann, dem du dich gibst, überhaupt noch andre Dinge geben kann als Dein körperliches Wohlbefinden, Deine Stimmungen, Deine Launen. Das hier, was ich schreibe, sind keine Vorwürfe gegen dich. Dazu hätte ich nicht das geringste Recht. Ich habe um dich geworben mit der Leidenschaft einer letzten Liebe u Du um mich mit allen Deinen so fascinierenden Eigenschaften, Deiner Intelligenz, Deiner Jugend, Deiner süssen Zärtlichkeit, das wird so bleiben, wenn wir uns jetzt nicht trennen, aber ist das für Deine Zukunft gut? Ich liege manchmal nachts wach u. dann kommen Momente der Beschämung über mich, dass ich mich dir angetragen habe.«[159] Im April teilt er ihr mit, »dass die bisherige Form unserer Beziehungen zu Ende ist«.[160]

Das stimmte allerdings nicht ganz, weil er mit Ziebarth noch im Oktober 1955 ins Ruhrgebiet fuhr und im November nach Köln, wo er und Reinhold Schneider über das Thema ›Soll die Dichtung das Leben bessern?‹ diskutierten. Aber das Verhältnis war zerrüttet. Ziebarth hatte jedoch nicht die Absicht, den Fisch, der ihr ins Netz gegangen war, wieder frei zu lassen. Denn für die literarisch ambitionierte Frau ergab sich die einmalige Chance, den Dichter in ihre Pläne einzuspannen. Bisher war sie auf Zeilenhonorar für gelegentliche journalistische Beiträge angewiesen und strampelte sich als Kinderbuchautorin mehr schlecht als recht ab: »Ich wollte weiterkommen, durchaus und mit Vehemenz wollte ich das.«[161]

Doch ihr Traum, mit der Hilfe einer Berühmtheit einen festen Platz als Autorin zu finden, verwirklichte sich nicht, Benn versagte sich diesen Plänen. Er wollte seine Ehe nicht riskieren, und man schuldet Ilse Benn in dieser Situation besondere Achtung. Sie hielt zu ihrem Ehemann, obwohl sie von dem Verhältnis wusste. Sie machte sich Sorgen um ihren Mann, der von September 1955 an versuchte, sich aus der Umklammerung zu lösen. Ein wichtiger Brief zeigt Ilses Geduld und Großzügigkeit. Ziebarth hatte ihn, angeblich ungelesen, an Benn zurückgeschickt, und so ist er mit seinem Nachlass nach Marbach gekommen. Benn schreibt am 9. November 1955: »L.U. lass doch das Herumstreichen hier in meiner Wohngegend, es macht einen erbärmlichen Eindruck. Dass wir uns unterhalten ist ja auch so lange völlig sinnlos, als du immer wieder von den alten Dingen anfängst, wie Du es am Dienstag tatest, als wir uns hier [Bozener Straße] trafen. Diese Dinge sind erledigt, wir haben genug darüber geredet u geschrieben, ich weigere mich ganz entschieden, von neuem davon zu beginnen. Willst du nicht lieber an Deine Arbeit denken u. auch an die Aufgaben deines Talents, dann vergisst Du bestimmt die Erinnerungen, die dich immer noch so beschäftigen. Besten Gruss G.B.«

Die Seite endet mit »bitte wenden« und damit folgt für den Leser die Überraschung: Die Rückseite enthält einige ergänzende Zeilen von Ilse: »Liebes Frl. Ziebarth, da Sie noch so jung sind, erlaube ich mir, etwas anzufügen. Mein Mann meint es wirklich gut mit Ihnen, es ist für ihn schwer, zu sehen, dass Sie gar nicht begreifen wollen, dass Beziehungen sich ändern können, ohne an Erlebniswert zu verlieren. Mein Mann weiß, was für ein begabter u. zarter Mensch Sie sind. Auch ich denke nicht unfreundschaftlich an Sie. Ilse Benn.« Auch wenn Ilse, stolze Autofahrerin bis ins hohe Alter, zum Thema Ziebarth berlinerte: »Wenn ick die sehe, weeste, dann vajeß ick zu bremsen«, weil ihr ihres Mannes Verzweiflung naheging, stand »wejen sowat« der Ehebund in der Bozener Straße nicht zur Disposition.

Als Gottfried Benn am 7. Juli 1956 im Krankenhausbett vor Schmerzen sterben wollte, hielt er die Hand seiner Frau.

15 *Vortrag in Bremen*

Der Ordinarius für Germanistik an der Universität Hamburg, Hans Pyritz, hatte Benn für den 14. Dezember 1954 zu einer Lesung aus seinen Werken eingeladen. Benn kam die Einladung gelegen, denn die Hamburger Goethegesellschaft zahlte die Reise, dazu ein Honorar, und er konnte die Gelegenheit wahrnehmen, ins nahegelegene Bremen zu fahren. Im Anschluss an die Hamburger Lesung bat die Bremer Landesgruppe des Germanistenverbandes ihn, aus seinen Werken vorzutragen. Wenn der Verband auch 300 Mark in Aussicht gestellt hatte, »die nehme ich mit, da es ja keine Reisekosten macht«, so war Benn doch ungehalten: »Dieser Bremer Germanisten-Verein scheint eine merkwürdige Sache zu sein. Sie haben keinen gedruckten Briefkopf, offenbar auch keine Schreibmaschine, es schreibt immer ein Herr Trittin, der hat offenbar auch kein Telefon. Ich weiß daher nicht, wie ich mit ihm eigentlich in Verbindung kommen soll, wenn ich in Bremen ankomme.«[162] Er bat Oelze deswegen, sich mit Herrn Trittin in Verbindung zu setzen.

Allerdings war diese Bitte verfrüht, denn Erich Trittin schickte ihm am 13. Dezember einen längeren handgeschriebenen Brief, in dem er seine Telefonnummer angab und auch die der Oberschule Karlstraße, »an der ich Studienrat bin. Mit Ihren Wünschen in bezug auf das Programm sind wir in allem einverstanden. Wir freuen uns auf das Hamburger Programm in der Bremer Version (d.h. mit dem in den größeren Rahmen eingefügten Abschnitt über die Probleme der Lyrik).«[163] Trittin wies darauf hin, dass der 1. Vorsitzende des Germanistenverbandes Bremen, Herr Studienrat Fellmann, den Dichter begrüßen würde und dass dieser unter seinen Hörern »viele junge Menschen finden wird, Schüler und Schülerinnen der Oberstufe.« Er versprach auch, das Auto für die Fahrt von Worpswede und zurück zu besorgen, und bat Benn darum, von der Fahrt mit einem Taxi Abstand zu nehmen.

Am 17. Dezember 1954 trug Benn dann im Goldenen Saal der Böttcherstraße vor. Er wiederholte das Hamburger Programm, eine Mischung aus Prosa [*Kunst in Europa* aus *Ausdruckswelt*, *Lotosland* aus dem *Ptolemäer*] und Gedichten. Die *Bremer Nachrichten* brachten eine lobende Besprechung des Abends und kommentierten besonders die *Probleme der Lyrik*, aus denen Benn einige Abschnitte las. Der Rezensent Harry Neumann betonte die verhaltene Art, in der Benn vortrug: »Das also ist Gottfried Benn. Dieser untersetzte, beinahe dickliche Mann mit der kühn vorspringenden Nase und dem braun-grauen Haarkranz um einen kahlen Schädel, der da seine Texte und Verse ohne Pathos und ohne Nachdruck herunterliest wie sachliche Mitteilungen, die Worte sich selbst überlassend und sein Werk ohne Eifer ausbreitend, weil ihm nichts daran gelegen sein kann, diejenigen zu überzeugen, die das Werk nicht überzeugt – das also ist der viel geschmähte Arzt aus Berlin, der jene vielumrätselten Verse schuf und jene brillianten Essays, in denen sich die Bewußtseinslage der Zeit überraschend offenbarte und das Geheimste des Seins eine Stimme fand.«

Der *Weser Kurier* lobte seinerseits die Gedichte, »Verse von männlicher Melancholie, die jedem Wortklischee, jeder ausgelaugten Formel weit ausweichen.« Allerdings beklagte der Rezensent den zu kleinen Saal: »Es war bei weitem nicht Platz für alle, die vom Germanistenverband eingeladen, zum Goldenen Saal in der Böttcherstraße eilten, um Gottfried Benn zu hören. Man stellte Stühle hinzu, schuf Sitzgelegenheiten auf der Galerie und mußte doch manchen wieder nach Hause schicken.«[164]

Oelze war zu diesem Abend nicht gekommen. Benn hatte ihm am 4. Dezember geschrieben: »Im Anschluss an die Hamburger Vorlesung bin ich eingeladen worden, vor dem Bremer Germanistenverein zu lesen u. vorzutragen. Sie zahlen auch ganz ordentlich u. ich habe angenommen, da ja Bremen neuerdings für mich eine gewisse Bedeutung gewonnen hat, die zu der Oberneulander Suggestion noch hinzukommt. Ich habe dem 17. XII dafür angesetzt. Ich weiss nicht Ort u Zeit, werde sie Ihnen aber rechtzeitig mitteilen.«[165] Zwei Tage später schrieb er ihm: »Am 17.XII: Ich entbinde Sie hiermit vom Erscheinen. Dank für Ihre Einladung in das pompöse Columbiahotel, aber ich bringe mich selber unter. Ich hoffe, wir sehen uns. Ich rufe Sie an, sowie ich in Br.[emen] ankomme. Bitte forschen Sie nicht nach, wann ich komme, wo ich wohne usw. Wir sollten mal einen Abend uns zusammensetzen u. uns etwas illuminieren u. palavern, nicht immer so elegant u. ernsthaft reden.«[166] Er schickte ihm das Hamburger Programm und entband ihn nochmals vom Erscheinen: »Ja ich bitte Sie, nicht zu kommen. Ich kann Ihnen ja nichts Neues bieten und eine Unterhaltung mit Ihnen würde wahrscheinlich auch nicht in unserer Weise möglich sein«.[167]

Oelze folgte dieser Bitte, allerdings nicht freiwillig. Drei Tage nach Erhalt dieses Briefes hatte er einen schweren Unfall. »Er fiel am 13. Dezember von der Kellertreppe«,[168] schreibt Benn an Lohner, »brach sich 5 Rippen, verletzte sich die Lunge und liegt seitdem in Bremen im Krankenhaus. Er bekam eine schwere Lungenentzündung und sein Leben war in Gefahr. Es geht ihm jetzt [14.1.55] etwas besser, aber seine völlige Heilung wird lange dauern.«[169]

Benn besuchte ihn im Krankenhaus: »Dass ich Sie, den ich immer nur tiré à quatre épingles mit der Perle in der Krawatte gesehn habe, nun im Schlafanzug im Krankenbett sah, war mir sehr interessant. Dass Sie unrasiert waren, stimmt wohl nicht, u Ihr Haar war von eindrucksvollem Weiss. Nur etwas dicker im Gesicht hätten Sie sein müssen, nicht so hager u. abgezehrt, – Essen! Essen! Essen! Und schlafen – nicht mit Dolantin, aber mit Phanodorm oder Baldrian. Gerne erführe ich, ob Sie an jenem Sonnabend noch punktiert sind u. was dabei herausgekommen ist (Blut? Exsudat?) Ich glaube, viel kann nicht herausgekommen sein.«[170]

Benn nimmt an, dass Oelze zu Neujahr wieder zu Hause sein wird, aber die Heilung zieht sich hin, Oelzes Zustand ist Gegenstand der Briefe und erst am 16. Februar 1955 gibt Benn den ärztlichen Rat: »Sie täuschen sich, wenn Sie fürchten, nicht mehr die alte Frische und Gesundheit zurückzuerlangen, es wird langsam gehen, aber für mich ist es kein Zweifel, dass Sie wieder jung und schön werden, – *wenn Sie essen!* Sicher wird Sie die Krankheit *innerlich* verändert haben, u. das wird sich weiter auswirken, aber in einem guten, ansteigenden Sinne«.[171] Und selbst Anfang März muss Oelze hören: »Dass Ihre Genesung langsam vor sich geht, ist ja selbstverständlich: Sie waren ja *schwer* krank. Stehn Sie noch in ärztlicher Kontrolle oder Behandlung? Nehmen Sie Medikamente ein? Kontrollieren Sie Ihr Gewicht? Wie hoch ist eigentlich Ihr Blutdruck? Nehmen sie doch mal *Biocitin* ein oder (da es von einer Firma Menken in Bremen stammt) *Plasmon*. Stärkungspräparate. Soll ich Sie nochmal besuchen kommen? (Ich frage nicht wegen Worpswede, das sieht jetzt ganz anders aus), sondern ausschliesslich, um Sie zu sehn u. zu sprechen.«[172]

Zu einem Besuch in Bremen kam es aber nicht mehr. Im September 1955 trafen sich Oelze, dessen Frau und Benn in der Bozener Straße in Berlin. Benn schickte Frau Oelze zu Weihnachten 1955 das erste Exemplar der *Drei alten Männer* mit der Widmung: »Zur Erinnerung an den Besuch im Hinterzimmer am 17.IX.55.«

Das Ehepaar kam auch der Einladung zu Benns 70. Geburtstag am 2. Mai 1956 nach, Benn bedankte sich, Oelze musste jedoch im Brief vom 23. Mai 1956 lesen: »Dank für Ihren freundlichen Pfingstgruss. Tröstet mich, bin sehr trostbedürftig. Liege seit 8 Tagen fest im Bett, der Rheumatismus in re[chtem] Rücken u Schulter ist völlig unerträglich. Kann nicht mehr sitzen, kann nicht mehr schreiben.«[173] Ein Aufenthalt im Kurort Schlangenbad brachte keine Linderung der Schmerzen. In einem letzten Lebenszeichen, einer Ansichtskarte aus Schlangenbad vom 16. Mai 1956, schrieb er: »Jene Stunde ... wird keine Schrecken haben, seien Sie beruhigt, wir werden nicht fallen wir werden steigen – Ihr B.«[174] Diese Äußerung war eine Anspielung auf *Faust*. In der Hexenküche sagt der Kater zu den Meerkätzchen, die mit einer großen Kugel spielen [Vers 2402]:

> Das ist die Welt;
> Sie steigt und fällt
> Und rollt beständig;
> Sie klingt wie Glas –
> Wie bald bricht das!

Und im ersten Akt von *Faust II* erwidert Mephisto auf die Feststellung Fausts, er suche sein Heil nicht im »Erstarren« [Vers 6275f.]:
Versinke denn! Ich könnt' auch sagen: steige!
's ist einerlei. Entfliehe dem Entstandnen
In der Gebilde losgebundne Reiche!

In beiden Zitaten geht es um die Irrationalität einer Situation, die sich mit rationalen Mitteln nicht beeinflussen lässt, es geht um die Machtlosigkeit und die Unsicherheit des Menschen, der keinen Einfluss auf die Situation hat. Das gilt auch für die Todesstunde, ihren Zeitpunkt, ihre Umstände.

Benn sprach Oelze Trost zu, indem er das Urteil über Fallen und Steigen nicht dem Zufall überlässt, sondern dem Steigen eine Priorität zuerkennt, die sich der Ungewissheit und dem Zweifel eindeutig entgegenstellt und dadurch Sicherheit vermittelt. Und so schließt sich der Kreis: Der Briefwechsel zwischen Bremen und Berlin begann von Benns Seite 1932 mit einem Hinweis auf Goethe und so endet er auch, nach fast einem Vierteljahrhundert.

Anmerkungen

1 Benn, Briefe an Carl Werkshagen, in: Limes-Lesebuch, 2. Folge, Wiesbaden 1958, S. 43–61, hier S. 44.
2 Carl Werckshagen, Er nannte mich Charly, Maschinenkopie in Privatbesitz.
3 Vgl. Anm. 1, S. 50.
4 Gottfried Benn, Briefe an F.W. Oelze 1932–1945, Wiesbaden 1977, Bd. 1, S. 29. Im Folgenden wird die Band- und Seitenzahl zitiert.
5 1, 7.
6 1, 27.
7 Von Oelze sind Gegenbriefe erhalten. Eine Ausgabe wird gegenwärtig von Harald Steinhagen vorbereitet.
8 Oelze an Benn vom 4. April 1947.
9 2, 244.
10 1, 276.
11 1, 45.
12 1, 64f.
13 2, 30.
14 1, 32.
15 1, 43. Benn wohnte im Hotel Deus am Oldenburger Bahnhofsplatz. Das Hotel wurde in den letzten Monaten des Zweiten Weltkrieges durch Bomben zerstört.
16 3, 237.
17 Gottfried Benn, Sämtliche Werke, 8 Bände, hg. Gerhard Schuster und Holger Hof, Stuttgart 1986ff. Hier Bd. V, S. 174f.
18 Vgl. Dorothee Hansen, Friedrich Wilhelm Oelze und die bildende Kunst, in: Die Kunsthalle Bremen

und ihre Stifter. Friedrich Wilhelm Oelze – Freund der Künste und Vertrauter Gottfried Benns, hg. v. Dorothee Hansen, Bremen o. J. [2004], S. 16–25.
19   2, 51.
20   Oelze hielt 10%, die drei Geschwister Menke 90 %. Die Firma ging 1929/30 Pleite.
21   2, 277.
22   1, 50.
23   1, 54.
24   1, 128f.
25   Oelze an Benn vom 29.7.1936.
26   1, 231.
27   1, 248.
28   1, 250.
29   Am 22. Mai 1940 starteten die Panzer Guderians den Angriff in Richtung Calais. Die Franzosen und Engländer errichteten einen Verteidigungsring um Dünkirchen, am Morgen des 26. Mai wurde der Hafen von Stukas und Artillerie angegriffen, 20.000 alliierte Soldaten kapitulierten. Fotos der verwüsteten Stadt gingen durch die deutsche Presse als Zeichen der deutschen Kriegsüberlegenheit, Benn bezieht sich wahrscheinlich auf solche Illustrationen.
30   1, 241ff.
31   Nr. 106 vom 4.2.1942.
32   1, 303.
33   1, 304.
34   1, 350.
35   1, 368.
36   Ralf Täuber, Matthias Kuse, Bremen im Bombenkrieg. Zeitzeugen erinnern sich, Bremen 2008, S. 150.
37   Bernhard F., Jahrgang 1937, in: Täuber (vgl. Anm. 36), S. 151.
38   Bericht des Luftschutzoffiziers an das Kommando der Schutzpolizei vom 22. August 1944, in: Christoph U. Schminck-Gustavus (Hg.), Bremen kaputt, Bremen 1983, S. 253f.
39   Stephan Burgdorff/Christian Habbe, Als Feuer vom Himmel fiel. Der Bombenkrieg in Deutschland, München, 2. Aufl. 2003, S. 124.
40   vgl. Burgdorff/Habbe (Anm. 39), S. 31f.
41   Burgdorff/Habbe (Anm. 39), S. 220.
42   Vgl. Burgdorff/Habbe (Anm. 39), S. 221.
43   1, 342f.
44   1, 363.
45   Gustav Pauli, Erinnerungen aus sieben Jahrzenten. Tübingen 1936, S. 148.
46   Pauli, S. 149.
47   Pauli, S. 173.
48   Pauli, S. 174.
49   Pauli, S. 205.
50   Pauli, S. 206.
51   Pauli, S. 155f.

52 Pauli, S. 156f.
53 1, 50.
54 Pauli, S. 231.
55 Pauli, S. 170f.
56 Fritz Schumacher, Stufen des Lebens, Stuttgart 1935, S. 13.
57 2, 94.
58 Gustav Brandes, Aus den Gärten einer alten Hansestadt, Bremen 1939, S. 96ff.
59 Brandes, Abb. 30.
60 Oelze an Benn vom 12.11.1947.
61 3, 163.
62 Paili, S. 150.
63 Oelze an Benn vom 25.7.1939.
64 Theodor Spitta, Bremens deutsche Sendung, Bremen o. J. [1939], S. 5f.
65 1, 215.
66 Spitta, S.9.
67 Spitta, S. 17.
68 Spitta, S. 21.
69 Spitta, S. 33.
70 1, 334.
71 3, 148f.
72 3, 30.
73 Oelze an Benn vom 28.9.1946.
74 3, 21.
75 2, 55f.
76 Oelze an Benn vom 19.1.1948.
77 Oelze an Benn vom 28.1.1948.
78 2, 113.
79 2, 229.
80 Merkur 3 (1949), S. 703–711, hier S. 711.
81 2, 111.
82 Pauli, S. 181.
83 1, 363.
84 Pauli, S. 221.
85 1, 363.
86 Pauli, S. 229f.
87 Vgl. zum Folgenden: Dorothee Hansen, Johann Georg Wolde und Adele Wolde – ein Bremer Sammlerpaar. Die Kunsthalle Bremen und ihre Stifter, Bremen 2003.
88 Pauli, S. 228.
89 3, 314.
90 3, 85.
91 Benn, Sämtliche Werke, II, S. 151.
92 3, 112.
93 3, 266.
94 Oelze an Benn vom 19.1.1948.
95 Theodor Plivier, Eine deutsche Novelle, Weimar 1947, S. 48ff.
96 Plivier, S. 56ff.
97 Zit. nach Johann-Günther König, Bremen im Spiegel der Literatur. Ein Hand- und Lesebuch, Bremen 1991, S. 250.
98 Oelze an Benn vom 28.1.1948.
99 1, 335.
100 2, 7.
101 Mitteilung des Senats am 9. Juli 1946: »Bremen ist nach wie vor ein deutsches Land. Die hiesige Militärregierung liegt in amerikanischen Händen. Die Gebietshoheit, die Finanzhoheit und die der Sicherheit und der Polizei wird von der amerikanischen

Besatzung ausgeübt. Die amerikanische Militärregierung verfährt aber bei der Durchführung ihrer Aufgaben teils nach amerikanischen, teils nach britischen Gesetzen, Richtlinien und Verwaltungsgrundsätzen. Aus diesen Gründen ist Bremen sowohl in der britischen wie als auch in der amerikanischen Zone zuständig«, in: Die Wiederbegründung des Landes Bremens nach dem Zweiten Weltkrieg. Dokumente zu Politik und Alltag, hg. v. Staatsarchiv Bremen, Bremen 2007, S. 41.
102 Die Wiederbegründung des Landes Bremen, S. 73.
103 Sitz der amerikanischen Militärregierung: Contrescarpe 22, dem früheren Besitz Johann Georg Woldes.
104 Oelze an Benn vom 13.5.1946.
105 Oelze an Benn vom 26.8.1945.
106 Weser-Kurier, 7.5.2012, S. 13.
107 2, 7.
108 2, 8.
109 Oelze an Benn vom 30.10.1945.
110 Oelze an Benn vom 22.11.1945.
111 Oelze an Benn vom 30.11.1946.
112 2, 15.
113 Oelze an Benn vom 3.1.1946.
114 Gottfried Benn, Ausgewählte Briefe, Wiesbaden 1957, S. 218.
115 3, 117.
116 3, 116.
117 Oelze an Benn vom 3.1.1946.
118 Oelze an Benn vom 5.1.1947.
119 2, 65.
120 Oelze an Benn vom 26.2.1949.
121 3, 119.
122 3, 119.
123 3, 323.
124 Oelze an Benn 9.9.1951.
125 3, 119.
126 Vgl. Bremer Heimstiftung, Die Villa Ichon Park, Bremen o. J., S. 2.
127 Oelze an Benn vom 3.4.1946.
128 Oelze an Benn vom 26.3.1949.
129 Oelze an Benn vom 30.5.1949.
130 Gert Westphal, Doppelleben und Ausdruckswelt. Gottfried Benn in seinen Briefen an Friedrich Wilhelm Oelze. Vierte Folge »Bleiben, die Stunde halten«, S. 5ff., Radio DRS, 1981.
131 Thilo Koch, Vollendung und Faszination – Gottfried Benn und der Rundfunk, Universitas Jg. 41 (1986), S. 247–258, hier S. 251.
132 Vgl. Katrin Krämer, »Hier wird trotzdem gesendet.« Die ersten zehn Jahre Hörspiel Radio Bremen 1946–1955. Magisterarbeit im März 1999 vorgelegt im Magisterstudiengang Deutsche Sprach- und Literaturwissenschaft, Universität Bremen, S. 6.
133 Krämer, S. 11.
134 Gemäß dem bremischen Landesgesetz wurde Radio Bremen am

22.11.1948 zu einer »Anstalt öffentlichen Rechts«, 1949 übergab die amerikanische Militärregierung den Sender dem Land Bremen.
135 Westphal, Doppelleben und Ausdruckswelt, 4. Folge, S. 3f.
136 Krämer, S. 25.
137 Westphal, 2. Folge, S. 5.
138 2, 189.
139 2, 176.
140 Radio Bremen, Manuskript Gespräch über Gottfried Benn, 24.11. 1949.
141 Radio Bremen, Manuskript Benn, Drei alte Männer, bearbeitet von Gert Westphal, 29.11.1949.
142 Oelze an Benn vom 11.7.1949.
143 Oelze an Benn vom 29.3.1949.
144 Oelze an Benn vom 10.8.1949.
145 3, 216.
146 Edgar Lohner, Passion und Intellekt. Die Lyrik Gottfried Benns, Frankfurt am Main 1956, S. 305.
147 Hernach, Gottfried Benns Briefe an Ursula Ziebarth. Mit Nachschriften von Ursula Ziebarth, Göttingen 2001, S. 10.
148 3, 214.
149 Hernach, S. 16f.
150 3, 215.
151 Hernach, S. 30.
152 3, 217.
153 Lohner, Passion und Intellekt, S. 300f.
154 Hernach, S. 57.
155 Hernach, S. 58.
156 3, 220.
157 Hernach, S. 191f.
158 Hernach, S.194.
159 Hernach, S. 228f.
160 Hernach, S. 228f.
161 Hernach, S. 223.
162 3, 233.
163 Brief von Erich Trittin vom 13.12.1954 (Dok. 91.114.662, Literaturarchiv Marbach).
164 Beide Zeitungen vom 20.12.1954.
165 3, 229.
166 3, 231.
167 3, 233.
168 Das genaue Datum ist nicht ganz klar. Am 9.12. bekommt Benn einen Anruf von Frau Oelze, ihr Mann sei am 6.12. verunglückt und liege im Städt. Krankenhaus (Hernach, S. 186). Benn selbst schreibt an Oelze am 12.12.1955: »Ich werde morgen Ihres schwarzen Tages vom vorigen Jahr gedenken u. mich glücklich fühlen, dass Sie alles überstanden haben« (3, 257).
169 Lohner, Passion und Intellekt, S. 301f.
170 3, 234.
171 3, 238.
172 3, 241.
173 3, 265.
174 Ansichtskarte vom 16. Mai 1956.

Bildnachweis

S. 11 privat
S. 12 privat
S. 18 privat
S. 19 privat
S. 21 privat
S. 22 Deutsches Literaturarchiv Marbach
S. 25 Handelskammer Bremen
S. 28 privat
S. 31 Staatsarchiv Bremen: 10,B-1944-03 AA3306
S. 33 privat
S. 36 Staatsarchiv Bremen: 10,B-1946-102,Nr.1
S. 39 privat
S. 46 privat
S. 49 Staatsarchiv Bremen: 10,B-1944-45-102,Nr.3
S. 55 privat
S. 59 Staatsarchiv Bremen: 10,B-AL-47,Nr.71
S. 62 Staatsarchiv Bremen: 10,B-FN-1,436,Nr.2
S. 69 aus: Dorothee Hansen, Johann Georg Wolde und Adele Wolde – ein Bremer Sammlerpaar. Die Kunsthalle Bremen und ihre Stifter, Bremen 2003.
S. 71 Max Liebermann: Bildnis Frau Adele Wolde Inv.-Nr. 1371-2003/3, Kunsthalle Bremen – Der Kunstverein in Bremen Foto: Lars Lohrisch
S. 75 Kiepenheuer Verlag Weimar
S. 78 Staatsarchiv Bremen: 10,B-1942-03
S. 81 aus: Müller/Rohdenburg, Kriegsende in Bremen, Edition Temmen, Bremen 2005
S. 82 aus: Müller/Rohdenburg, Kriegsende in Bremen, Edition Temmen, Bremen 2005
S. 83 aus: Müller/Rohdenburg, Kriegsende in Bremen, Edition Temmen, Bremen 2005
S. 87 privat
S. 94 Staatsarchiv Bremen: 10,B-AL-1258
S. 98 privat
S. 99 aus: Bremer Heimstiftung, Die Villa Ichon Park, Bremen o. J.
S. 116 privat
S. 118 Schünemann Verlag Bremen
S. 122 Weser Kurier vom 11.10.1997, Fotograf: Jochen Stoss

Zum Autor

Joachim Dyck, geboren 1935 in Hannover, studierte von 1955 bis 1965 Germanistik und Romanistik in Göttingen, Toulouse, Münster, Kiel und Freiburg, wo er promovierte und 1969 habilitiert wurde. Er lehrte an den Universitäten Freiburg und Oldenburg und in den USA an der University of Washington, Seattle (Washington), an der University of Michigan, Ann Arbor (Michigan) und an der Ohio State University, Columbus (Ohio).

Das Hauptinteresse seiner Forschungen betrifft die Rhetorik und ihre Geschichte sowie die Literatur des 18. Jahrhunderts in Deutschland. Ein weiterer Forschungsschwerpunkt ist Gottfried Benn, dem er neben zahlreichen Aufsätzen die umfangreiche Biografie *Der Zeitzeuge. Gottfried Benn 1929–1949* widmete. Joachim Dyck ist Mitherausgeber des *Benn Forums* und Ehrenvorsitzender der Gottfried-Benn-Gesellschaft.

Danksagung

Harald Steinhagen, Stephan Kraft und Katharina Wilske hatten die Freundlichkeit, mir die bereits transkribierten Briefe von Oelze an Benn zur Lektüre zu überlassen, was mir die Arbeit enorm erleichterte. Boris Löffler vom Staatsarchiv Bremen unterstützte mich bei der Beschaffung von Archivmaterial über die Geschichte Bremens und versorgte mich mit historischen Photos. Bei der Suche nach Belegen für die Rolle von Radio Bremen bei der Wiederentdeckung Benns nach 1945 halfen mir Jörg Dieter Kogel, Birgit Herbers und Christine Braungardt. Dr. Dietz Schütte klärte mich über die Bedeutung der Firmen Ebbeke und Schütte auf, das Team vom Schünemann Verlag kümmerte sich eingehend um das Manuskript und machte daraus ein Buch.
Ihnen allen sei sehr herzlich für ihre Hilfe gedankt.

schnitt des Briefwechsels ein. Nach der im Chaos der Nachkriegstage unterbrochenen Verbindung stehen zunächst die Schilderung des Überlebens, das Resümee der Verluste im Vordergrund. Doch schon bald geht es darum, geistig Bilanz zu ziehen, erste Ausblicke auf das Kommende zu wagen. Die drängenden Fragen der Zeit spielen in diesen auf ein vertrautes Gespräch gestimmten, um ein Werk und seinen Schöpfer kreisenden Briefwechsel, der zu den bedeutendsten des 20. Jahrhunderts gehört, immer wieder hinein, wie die durch Walter von Molos offenen Brief an Thomas Mann ausgelöste Kontroverse zwischen Exil-Schriftstellern und Autoren der sogenannten Inneren Emigration, wer über die Nazijahre und Deutschlands Niederlage überhaupt zu reden berechtigt sei. Doch Politik und Moral, schreibt Oelze am 12. Dezember, böten längst keine Hilfe mehr: »Die alten Schemen wollen nicht mehr passen, die politischen nicht mehr, und die moralischen nicht mehr; die Ideologien aller Parteien sind von der Wirklichkeit längst überholt, aus ihnen ist kein revolutionärer Auftrieb mehr möglich.« Die Zukunft, davon ist er überzeugt, liegt allein im Geistigen, in der Kunst. Und Kunst, hatte er von Benn gelernt, ist »Herstellung von Wirklichkeit« (22. Dezember 1943). Die dafür notwendigen Gründungsurkunden und Geheimpapiere befinden sich ohnehin in seinem Besitz, nun geht es darum, sie an die Öffentlichkeit zu bringen und ihre Wirkung tun zu lassen. Er glaube, schreibt Oelze am 16. November 1945 an Benn, »daß die grosse Periode Ihrer öffentlichen Anerkennung und Ihrer Wirkung ins Weite etwa um 1950 herum beginnen wird«. Eine allen persönlichen Wunschgedanken zum Trotz sehr hellsichtige Prophezeiung. 1949 erscheinen vier Bücher Benns, 1951 erhält er den Büchner-Preis, 1953 das Bundesverdienstkreuz. Am wiedererwachten öffentlichen Interesse hatte auch »Bennpartner« Oelze großen Anteil, als Berater, Freund, Mäzen. Doch der Mann im schwarzen Trikot scheute zu Lebzeiten das Licht der Öffentlichkeit. Mit dem Abdruck seiner Briefe hat er die Tarnkleidung endlich abgelegt.

ausgeschlossen wurden, nachdem zuvor schon Käthe Kollwitz und Heinrich Mann hinausgedrängt worden waren), betrat er von 1934 bis zum Ende des Krieges nicht mehr. Was von dort komme, schreibt er Oelze am 5. September 1935, zeige einen »Tiefstand an Moral, innerer Makellosigkeit, aber auch rein gesellschaftlichem Schliff, dafür Überfluss an formellem Knotentum, läppischer Gesinnung, auch Unverschämtheit, dass ich ganz bestürzt bin. Auslese nach unten, Darwinismus rückwärts – das wäre die Formel, die über allem schwebt.« Viele der alten Bekannten und Kollegen waren emigriert, ein offener Austausch nicht mehr möglich. Am 1. September 1935 antwortete Benn auf eine von Oelzes Ergebenheitsadressen: »Bitte schreiben Sie doch nicht davon, dass ich Sie geistig entwickelt habe u. s. w. Ich bedarf Ihrer ja viel mehr. Sie machen sich nicht klar, wie völlig isoliert ich bin, ohne jede Beziehung geistiger Art zu meiner Umwelt. Meine Umwelt ist z. Z. nicht in diesem Land.« Schon nach Hitlers Juni-Morden hatte er am 27. August 1934 an Ina Seidel geschrieben: »Ich lebe mit vollkommen zusammengekniffenen Lippen, innerlich u. äußerlich. Ich kann nicht mehr mit. Gewisse Dinge haben mir den letzten Stoß gegeben. Schauerliche Tragödie! Wie groß fing das an, wie dreckig sieht es heute aus. Aber es ist noch lange nicht zu Ende.« Benn gibt 1935 seine Praxis auf und wird, als »aristokratische Form der Emigrierung« (an Oelze am 18. November 1934), Oberstabsarzt der Wehrmacht in Hannover. 1936 erscheint ein Angriff gegen ihn in der SS-Wochenzeitung »Das schwarze Korps«, 1938 wird Benn aus der Reichsschrifttumskammer ausgeschlossen und erhält damit Veröffentlichungsverbot. Schon 1937 hatte er sich als Gutachter in Fürsorge- und Rentenfragen nach Berlin ins Oberkommando der Wehrmacht versetzen lassen; 1943 wird die Dienststelle nach Landsberg an der Warthe verlegt, von wo aus Benn 1945 nach Berlin flieht. Seine zweite Frau Herta schickt er am 5. April vor der heranrückenden Front nach Neuhaus an der Elbe, wo sie sich am 2. Juli das Leben nimmt.

Mit der von Oberst Fritz Ohmke nach Kriegsende auf Benns Bitte versandten Nachricht setzt der hier abgedruckte Aus-

Gottfried Benn, Friedrich Wilhelm Oelze.
»Alles, was ich zu wünschen vermag, gilt Ihnen«.
Aus dem Briefwechsel 1945.
Mit einer Vorbemerkung von Matthias Weichelt

Widerhall ohne Widerspruch. Eine Vorbemerkung

Nach der Feier seines fünfundsechzigsten Geburtstags, zu der sein Verlag im Mai 1951 nach Wiesbaden eingeladen hatte, schrieb Gottfried Benn seinem Brieffreund Friedrich Wilhelm Oelze: »Der Eindruck, den Sie gemacht haben, war allgemein groß. Wollen Sie wissen, was meine Tochter, deren Gedanken sich viel mit Ihnen beschäftigen, unter Anderem sagte? ‚Eine unheimliche Erscheinung! Man muß damit rechnen (!), daß er nachts ein schwarzes Trikot anzieht u. auf Einbruch geht'. Nun? Wenn das kein Effekt ist!«
Wenn der Bremer Großkaufmann und Jurist (1891–1978) eines vermeiden wollte, dann Effekte und Auffälligkeiten. Entsprechend verstört fiel die Antwort aus. In einer seinem Brief angefügten Notiz mit dem Titel »Das schwarze Trikot« sieht Oelze sich als »Hochstapler- oder Verbrechertyp« bloßgestellt: »das also steht in meinem habitus geschrieben für den, der zu sehen und zu lesen versteht? Das scheint mir unheimlich, und zwingt mich zu sehr schwierigen und peinlichen Selbstkorrekturen.« Daß Benn, der die labile Konstitution, die existentielle Unsicherheit des Freundes kannte und ihn zuweilen damit quälte, daraufhin die von seiner Tochter vermuteten Motive der obskuren Aktivitäten nachreichte (»aus Sensationsbedürfnis, aus Abwegigkeit, aus Perversion«), dürfte wenig zu Oelzes Beruhigung beigetragen haben. Er ging darauf nicht mehr ein. Dabei hatte das Bild des nächtlichen Phantoms die Sache nicht schlecht getroffen. Der 1891 geborene Oelze stammte aus einer alten Kaufmannsfamilie, hatte u. a. in London Jura studiert und war nach der Promotion Teilhaber einer Handelsfirma geworden, die vor allem Kolonialwaren importierte. Schon sein Großvater hatte auf Jamaika Zuckerrohrplantagen erworben, seine Mutter war dort zur Welt ge-

kommen, und auch Oelze selbst reiste immer wieder in die Karibik – von wo aus Ansichtskarten mit exotischen Motiven auf Benns schlichtem Schreibtisch in der Bozener Straße 20 in Berlin-Schöneberg landeten. Auch dank der Heirat mit einer vermögenden Bürgertochter verfügte Oelze, dessen einziger Sohn im Zweiten Weltkrieg fiel, über die Mittel, repräsentative Wohnsitze zu unterhalten und bedeutende Möbel-, Kunst- und Büchersammlungen zusammenzutragen (darunter fast alle Veröffentlichungen Goethes in Erstausgaben). Denn die Bilanzen seiner internationalen Handelsaktivitäten waren ihm Pflicht und Aufgabe, boten aber keinerlei Befriedigung. Oelzes eigentliche Leidenschaft galt dem Geist, der Kunst, dem Schöpferischen. Ohne selbst künstlerisch begabt zu sein (die »Gedichte sind nicht gut«, schrieb ihm Benn auf übersandte Verse), wollte er teilhaben an der Sphäre der Dichter und Denker, am besten durch direkten Austausch mit Schriftstellern, Gelehrten, Philosophen wie Maximilian Harden, Hugo von Hofmannsthal, Rudolf Borchardt, Martin Heidegger, später auch Hans Mayer. Die Bedingungslosigkeit, mit der er sich Benns absolutem Kunstanspruch und nihilistischer Weltsicht unterwarf, bedrohte immer wieder die Fassade seines bürgerlichen Lebens und verlangte nach Camouflage und Verstellung. Wie auch seine homoerotischen Neigungen, denen er allenfalls auf Geschäftsreisen und im Schutz der Anonymität nachgehen konnte. Hinzu kam ein fast zwanghaftes Bedürfnis nach Selbstverkleinerung, ein Gefühl der Unwichtigkeit und Bedeutungslosigkeit, das durch den Austausch mit den als Genies empfundenen Gesprächs- und Briefpartnern nicht gemindert wurde (und auf eigentümliche Weise mit seinem großbürgerlichen, fast dandyhaften Auftreten, den von Benn als aristokratisch empfundenen Umgangsformen und Manieren kontrastierte): »Seit dem Abitur feierte er keinen seiner Geburtstage, verbrannte 1947 sämtliche Fotos von sich und vernichtete fast alle in seinem Besitz befindlichen privaten Dokumente bis hin zum ‚Westindischen Tagebuch‘ von 1939 mit dem Ziel, ‚sich selbst zu löschen‘, um keine ‚Restbestände‘ zu hinterlassen, wie Benn in ‚Chopin‘ formuliert hatte.« (Hans

Dieter Schäfer, Herr Oelze aus Bremen. Göttingen 2001) Auch als Oelze 1977 die an ihn gerichteten Briefe Benns zur Veröffentlichung freigab, ließ er die eigenen weg. Viele seiner Schreiben seien verlorengegangen oder in der Nazizeit auf seinen Wunsch hin vernichtet worden, notierte er im Vorwort der Ausgabe: »Aber meinen Briefen kommt nicht mehr zu als die Bedeutung von Anregungen, Stichworten, Fragestellungen; alles Wesentliche enthalten die Antworten des Dichters.« Ob dem tatsächlich so ist, kann man anhand der nun im Wallstein Verlag erscheinenden Edition erstmals überprüfen. In jedem Fall wird man die vierundzwanzig Jahre währende Korrespondenz endlich wieder als das lesen, was sie ursprünglich war: als intensives, forderndes, mit kaum nachlassender Energie geführtes Gespräch zweier in Temperament und Herkunft grundverschiedener, einander aber bald unentbehrlich werdender Geister. Für Oelze sind Benns Nachrichten »eine immer neu sich erschliessende, immer sich mehrende Offenbarung«, deren Auslöser zu sein er immerhin für sich in Anspruch nimmt: »Ich dachte an die Briefe grosser Männer, die ich kannte; mir fiel auf, daß selbst da wo die Empfänger unbedeutende Personen waren, oft Tieferes in den Briefen stand als in den Werken, das Abgründigste, Persönlichste, nur auszudrücken wenn einer zuhörte, aber dieser musste noch den Hauch einer Schwingung empfangen können.« So am 3. Oktober 1937 an Benn. Dieser wiederum hatte das Glück, in Oelze seinen idealen Leser gefunden zu haben, mit einem feinen Gespür für jede Schwingung seiner Texte, mit der Fähigkeit, auf Fragen und Anspielungen einzugehen, und einer Aufnahmebereitschaft, die bis zur Selbstaufgabe ging. Benn erfuhr hier, anders als bei Schriftstellerkollegen und Kritikern, Widerhall ohne Widerspruch. Durch Oelzes nie nachlassendes Interesse an allem, was Benn schrieb und dachte, durch seine unverminderte Aufmerksamkeit und Anteilnahme hielt er dessen Spannung und Produktivität aufrecht und ersetzte ihm das Publikum, das es nach dem Veröffentlichungsverbot 1938 nicht mehr gab. Vor allem nach dem Krieg wird Oelze dann zum publizistischen Berater, ist einbezogen in die Zusammenstellung von Gedicht- und Auswahlbänden, läßt Journalisten und Wissenschaftler Einsicht nehmen in seine Sammlung. Denn sein größter Schatz sind jene Briefe und Aufzeichnungen Benns, deren Sicherung ihm in der Kriegs- und Nachkriegszeit zur Hauptaufgabe wird: »Das Wichtigste zunächst: Die Manuskripte sind bei mir, unbeschädigt, von keiner fremden Hand berührt.«

Begonnen hatte das alle Umbrüche und Einschnitte überdauernde Verhältnis mit einem nicht erhaltenen Brief Oelzes, den Benn am 21. Dezember 1932 mit routinierter Distanziertheit quittierte: »Mir eine große Freude, wenn Ihnen meine Aufsätze gefallen haben. Eine mündliche Unterhaltung würde Sie enttäuschen. Ich sage nicht mehr, als was in meinen Büchern steht.« Oelze hatte Benns kurz zuvor in der Neuen Rundschau erschienenen Aufsatz »Goethe und die Naturwissenschaften« gelesen und als entscheidendes Bildungserlebnis empfunden: »Bei der Lektüre dieser knappen, kaum sechzig Seiten umfassenden Darstellung erfuhr ich das spontane Betroffensein, wie es nur die Kunst zu bewirken vermag, wenn die Stunde der Bereitschaft da ist.« Und wem solches widerfährt, der läßt sich nicht so leicht abschrecken. In einem weiteren verlorenen Brief muß Oelze dann den rechten Ton getroffen haben, um Benns Interesse zu wecken und ihn zu einer ausführlichen Antwort zu bewegen. Er habe mit seiner »Frage ins Schwarze« getroffen, schreibt Benn ihm am 27. Januar 1933: »wie kann man einerseits die Wissenschaft u. ihre Resultate skeptisch ansehn, ja verächtlich betrachten u. doch sie dann für wahr setzen u. zu eigenen Ideen verwerten. Scheinbar widerspruchsvoll. Aber nur scheinbar. Anstelle des Begriffs der Wahrheit u. der Realität, einst theologisches, dann wissenschaftliches Requisit, tritt ja jetzt der Begriff der Perspective.« In diesem ersten längeren Brief, in dem Benn seine Unterscheidung von Wissenschaft und Kunst erläutert (»Sie ist Erkenntniss; während Wissenschaft ja nur Sammelsurium, charakterloses Weitermachen, entscheidungs- u. verantwortungsloses Entpersönlichen der Welt ist. ... Das wahre Denken aber ist immer gefährdet u gefährlich.«), klingt schon vieles von dem an, was den Briefwechsel für beide Korrespondenten in den kommenden Jahren zum unersetzlichen Dialog – und noch heute zum großen Leseerlebnis macht: rückhaltlose Offenheit, scharfe Argumentation, das Spiel mit Ideen und Gedanken, das Aufnehmen von Anregungen und Fragen, die Lust an Zuspitzung und Provokation, auch eine gewisse Freude an Klatsch und Häme. Die Ungeduld und Neugier, mit der die Gegenbriefe zumeist erwartet wurden, ist auch nach Jahrzehnten noch spürbar.

Im Verlauf der Brieffreundschaft, nach ersten persönlichen Begegnungen (die Benn allerdings genau zu dosieren versteht, man blieb zeitlebens beim »Sie«) und regelmäßigen Kaffee-, Rum- und Blumensendungen Oelzes, nimmt auch das Private und Privateste immer mehr Platz ein, häufen sich Fragen nach Lebensumständen und Krankheitsverläufen, nach Reisen, Begegnungen, Familienverbindungen. Gerade Benn interessiert sich lebhaft für Oelzes großbürgerliches Milieu, für Kleidervorlieben und Eßgewohnheiten, die sich so deutlich von seinem eigenen Dasein unterscheiden – die in Hannover gemietete Wohnung sei »mehr eine Höhle für Molche u. Menschenfeinde als ein Renaissancebau«, läßt er den Bremer Villenbesitzer am 9. Dezember 1935 wissen. Als dieser ihn in seiner Garnison besucht, erhält die Geliebte Tilly Wedekind am 11. Juni 1936 ein genaues Porträt: »Oe. sah extravagant elegant aus. Wirklich ein merkwürdiger ungewöhnlicher Typ, gänzlich undeutsch. Sieht älter aus, als er ist (45 J.), Haar fast weiß, sehr schlank, schmales spitzes Gesicht, Gesichtsfarbe rötlich wie bei Lungenkranken, unwahrscheinlich gut angezogen. Er sieht eigentlich aus wie aus einer Revue, Hoffmanns Erzählungen, am Rand von Wirklichkeit und Halluzination.« Die daran anschließende Überlegung, ob Oelze »im Unterbewußtsein doch homo« sei, hindert Benn jedenfalls nicht, in seine Briefe an den Freund gelegentliche Berichte über Liebschaften und Amouren einzustreuen und diesen zu ermuntern, es ihm gleichzutun: »Noch sind Sie nicht 50. Der Abend des Lebens hat noch nicht sein Zwischenreich begonnen. Noch ist es etwa zwischen 4 u. 5, Theestunde, u. die charmanten Achtzehnjährigen bezaubern noch u. gefährden und beglücken.

Erhalten Sie sich das! Erhalten Sie es mir!« (1. Januar 1939) Oelze geht über dergleichen meist diskret hinweg. Und lenkt das Gespräch wieder auf das, was ihm das Wichtigste geworden ist: Benns Werk.

Für solch emphatischen Zuspruch dürfte Benn gerade zu Beginn ihrer Bekanntschaft besonders empfänglich gewesen sein. Seit Anfang der dreißiger Jahre hatten die politischen Auseinandersetzungen unter Schriftstellern und Künstlern noch einmal an Schärfe gewonnen, prallten die weltanschaulichen Gegensätze mit zunehmender Wucht aufeinander. Thea Sternheim, Exfrau Carl Sternheims und Freundin Benns, notiert am 28. November 1931 in ihrem Tagebuch nach einem Besuch Franz Pfemferts und Heinrich Schaefers, wie schwer es sei, den »Jargon der Klassenwahnsinnigen aller Kategorien zu ertragen. Ob sie nun über Benn herziehen oder mit nicht misszudeutender Befriedigung für die kommenden Monate die Diktatur des Proletariats ankündigen – was kann man in dieser mit Bluträuschen aller Art durchzogenen Welt anders tun als sich auf sein Martyrium vorbereiten.« (Gottfried Benn / Thea Sternheim, Briefwechsel und Aufzeichnungen. Göttingen 2004) Wie groß die Enttäuschung unter vielen von Benns Freunden über seine Versuche war, die politischen Umwälzungen nach 1933 als geschichtliche Notwendigkeit zu deuten und mit Reden wie »Der neue Staat und die Intellektuellen«, »Zucht und Zukunft « oder der berüchtigten »Antwort an die literarischen Emigranten« zu verteidigen, läßt sich in Thea Sternheims Tagebüchern in erbitterten Eintragungen nachlesen (»Welch ein Jammer ein ganzes Volk sich dem Veitstanz der absoluten Entmenschung einreihen zu sehen. Und zu diesem Reigen erniedrigt sich ausgerechnet Gottfried Benn aufzuspielen!«). Mit dieser Begleitmusik hatte es allerdings bald wieder ein Ende. Die Akademie der Künste (»eine glanzvolle Angelegenheit«), in die er 1932 gewählt worden war und für die er, im Glauben, so deren Souveränität sichern zu können, noch im März 1933 eine Loyalitätserklärung zum neuen Regime mitverfaßt hatte (woraufhin Thomas Mann, Alfred Döblin, Jakob Wassermann, Ricarda Huch und etliche weitere Mitglieder austraten oder